熊本県

真和中学校

2025年春受験用 解答集

本書は，実物をなるべくそのままに，プリント形式で年度ごとに収録しています。
問題用紙を教科別に分けて使うことができるので，本番さながらの演習ができます。

■　収録内容

JN132688

・解答集(この冊子です)

書籍ＩＤ番号，この問題集の使い方，最新年度実物データ，リアル過去問の活用，
解答例と解説，ご使用にあたってのお願い・ご注意，お問い合わせ

・2024(令和６)年度 ～ 2022(令和４)年度　学力検査問題

○は収録あり	年度	'24	'23	'22			
■ 問題(奨学生・専願生)		○	○	○			
■ 解答用紙		○	○	○			
■ 配点							

算数に解説
があります

注)国語問題文非掲載:2023年度の一と三，2022年度の一と三

問題文などの非掲載につきまして

著作権上の都合により，本書に収録している過去入試問題の本文や図表の一部を掲載しておりません。ご不便をおかけし，誠に申し訳ございません。
本文の一部を掲載できなかったことによる国語の演習不足を補うため，論説文および小説文の演習問題のダウンロード付録があります。弊社ウェブサイトから書籍ＩＤ番号を入力してご利用ください。
なお，問題の量，形式，難易度などの傾向が，実際の入試問題と一致しない場合があります。

教英出版

■ 書籍ＩＤ番号

入試に役立つダウンロード付録や学校情報などを随時更新して掲載しています。
教英出版ウェブサイトの「ご購入者様のページ」画面で，書籍ＩＤ番号を入力してご利用ください。

書籍ＩＤ番号　102444

（有効期限：2025年9月30日まで）

【入試に役立つダウンロード付録】
「要点のまとめ（国語／算数）」
「課題作文演習」ほか

■ この問題集の使い方

年度ごとにプリント形式で収録しています。針を外して教科ごとに分けて使用します。①片側，②中央のどちらかでとじてありますので，下図を参考に，問題用紙と解答用紙に分けて準備をしましょう（解答用紙がない場合もあります）。

針を外すときは，けがをしないように十分注意してください。また，針を外すと紛失しやすくなりますので気をつけましょう。

① 片側でとじてあるもの

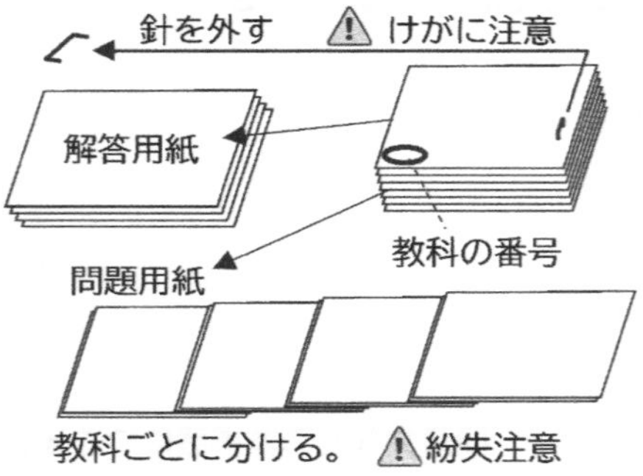

② 中央でとじてあるもの

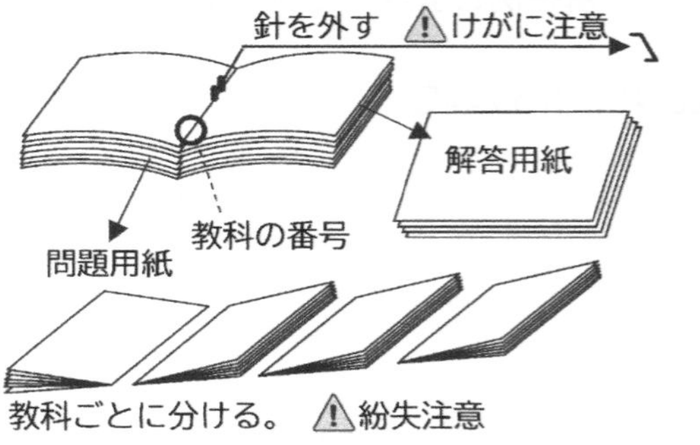

※教科数が上図と異なる場合があります。
解答用紙がない場合や，問題と一体になっている場合があります。
教科の番号は，教科ごとに分けるときの参考にしてください。

■ 最新年度　実物データ

実物をなるべくそのままに編集していますが，収録の都合上，実際の試験問題とは異なる場合があります。実物のサイズ，様式は右表で確認してください。

問題用紙	Ｂ５冊子（二つ折り）
解答用紙	Ｂ４片面プリント

リアル過去問の活用

～リアル過去問なら入試本番で力を発揮することができる～

本番を体験しよう！

問題用紙の形式（縦向き／横向き），問題の配置や余白など，実物に近い紙面構成なので本番の臨場感が味わえます。まずはパラパラとめくって眺めてみてください。「これが志望校の入試問題なんだ！」と思えば入試に向けて気持ちが高まることでしょう。

入試を知ろう！

同じ教科の過去数年分の問題紙面を並べて，見比べてみましょう。

① 問題の量

毎年同じ大問数か，年によって違うのか，また全体の問題量はどのくらいか知っておきましょう。どのくらいのスピードで解けば時間内に終わるのか，大問ひとつにかけられる時間を計算してみましょう。

② 出題分野

よく出題されている分野とそうでない分野を見つけましょう。同じような問題が過去にも出題されていることに気がつくはずです。

③ 出題順序

得意な分野が毎年同じ大問番号で出題されていると分かれば，本番で取りこぼさないように先回りして解答することができるでしょう。

④ 解答方法

記述式か選択式か（マークシートか），見ておきましょう。記述式なら，単位まで書く必要があるかどうか，文字数はどのくらいかなど，細かいところまでチェックしておきましょう。計算過程を書く必要があるかどうかも重要です。

⑤ 問題の難易度

必ず正解したい基本問題，条件や指示の読み間違いといったケアレスミスに気をつけたい問題，後回しにしたほうがいい問題などをチェックしておきましょう。

問題を解こう！

志望校の入試傾向をつかんだら，問題を何度も解いていきましょう。ほかにも問題文の独特な言いまわしや，その学校独自の答え方を発見できることもあるでしょう。オリンピックや環境問題など，話題になった出来事を毎年出題する学校だと分かれば，日頃のニュースの見かたも変わってきます。

こうして志望校の入試傾向を知り対策を立てることこそが，過去問を解く最大の理由なのです。

実力を知ろう！

過去問を解くにあたって，得点はそれほど重要ではありません。大切なのは，志望校の過去問演習を通して，苦手な教科，苦手な分野を知ることです。苦手な教科，分野が分かったら，教科書や参考書に戻って重点的に学習する時間をつくりましょう。今の自分の実力を知れば，入試本番までの勉強の道すじが見えてきます。

試験に慣れよう！

入試では時間配分も重要です。本番で時間が足りなくなってあわてないように，リアル過去問で実戦演習をして，時間配分や出題パターンに慣れておきましょう。教科ごとに気持ちを切り替える練習もしておきましょう。

心を整えよう！

入試は誰でも緊張するものです。入試前日になったら，演習をやり尽くしたリアル過去問の表紙を眺めてみましょう。問題の内容を見る必要はもうありません。どんな形式だったかな？受験番号や氏名はどこに書くのかな？…ほんの少し見ておくだけでも，志望校の入試に向けて心の準備が整うことでしょう。

そして入試本番では，見慣れた問題紙面が緊張した心を落ち着かせてくれるはずです。

※まれに入試形式を変更する学校もありますが，条件はほかの受験生も同じです。心を整えてあせらずに問題に取りかかりましょう。

2024 解答例　令和6年度　真和中学校

《国　語》

一　問一．水素エネルギーとは　問二．○　問三．ア　問四．エ　問五．電気と水　問六．イ
問七．イ　問八．(1字あける)私は電気自動車より燃料電池自動車を選ぼうと思う。なぜなら燃料電池自動車は電気自動車に比べて航続距離が長く、充てん時間が短いという長所があるからだ。

二　問一．ア．易　イ．都合　ウ．芽生　問二．エ　問三．a．ウ　b．エ
問四．Ⅰ．物理量　Ⅱ．感覚に　Ⅲ．時間に関する感覚器　Ⅳ．時計で最も精密に計測できる
問五．天体や季節の「周期的変化」をもとに、連続的に流れる時間に区切りをつけたもの。　問六．イ
問七．(ⅰ)天体現象の把握が国家の将来や人間の運命を左右したということ。　(ⅱ)暦が、為政者が予言によって権威を保つため、また、農作物の収穫量を左右する、民を養うために必要な情報だったから。　問八．ア

三　問一．ア．対策　イ．成績　ウ．専門　エ．器用　オ．照　カ．期待　問二．イ　問三．イ
問四．咳ばらいひとつできないような静けさ　問五．エ　問六．(ⅰ)イ　(ⅱ)ウ　問七．奏人のように早い段階から入部を決めて活動に真剣な人もいるとわかり、自分が運動部に入る勇気が出ず中途半端な気持ちで科学部に入ったことを、申し訳ないと思ったから。　問八．ア　問九．無意識のうちに小学校までの感覚を持っていたことと、その感覚が通用しないことを自覚し、自分にはない良さを持つ同級生たちに圧とうされる気持ち。

《算　数》

A　ア．1.6　イ．2　ウ．$\frac{2}{3}$　エ．119　オ．32　カ．199　キ．1496　ク．15　ケ．78
コ．180　サ．133.45　シ．84

B　※1 (1)64　(2)2400　(3)1005
※2 (1)23　(2)$6\frac{5}{24}$　(3)$59\frac{9}{10}$
※3 (1)8　(2)24分0秒　(3)33分36秒　(4)150

※の求め方は解説を参照してください。

《理　科》

1 問1．①葉　②実〔別解〕種　③頭　④胸　⑤腹（③～⑤は順不同）　⑥後ろ　⑦前　⑧精子　⑨受精卵　⑩ふ化　⑪子宮　⑫たい児　⑬たいばん　⑭38　⑮マタニティマーク　　問2．こん虫によって運ばれる。／風によって運ばれる。などから1つ　　問3．たまご→よう虫→せい虫　　問4．イ→エ→ア→カ→オ→ウ
問5．(あ)有性生殖　(い)無性生殖　　問6．ク　　問7．ウ，エ，カ，キ

2 問1．⑴(あ)ア　(い)イ　⑵(う)アルミニウム　(え)鉄　(お)2.9　⑶イ
⑷B．ア　C．ウ　　問2．①3.5　②7.2　　問3．右グラフ
問4．40　　問5．⑴固体を十分な量の水にとかし，ろ過すると銅の粉末がろ紙に残る。　⑵32

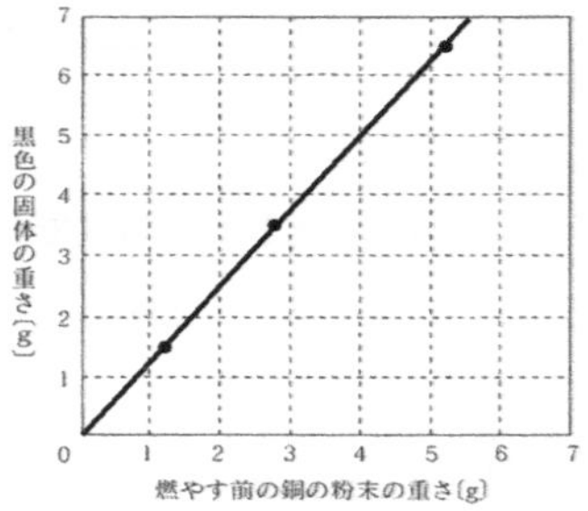

3 問1．ア．6.9　イ．25　ウ．188.4　エ．62.8　オ．226.08　　問2．12
問3．1.328　　問4．40分，0.6 km　　問5．⑴区間①…ア　区間②…オ　区間③…ア　区間④…キ　区間⑤…エ　⑵ア．60　イ．100　ウ．160　⑶7：8　⑷7：2

《社　会》

1 問1．1．大分県　2．高知県　3．愛知県　　問2．ウ　　問3．石狩　　問4．イ　　問5．リマン〔別解〕対馬　　問6．カルデラ　　問7．⑴根釧　⑵ア　⑶輪作　　問8．アイヌ

2 問1．西経　　問2．大西洋　　問3．南アメリカ大陸，アフリカ大陸　　問4．ロサンゼルス　　問5．⑴地震　⑵アメリカ合衆国　⑶ブラジリア　　問6．ウ

3 問1．ア　　問2．管玉　　問3．⑴倭　⑵卑弥呼　⑶ウ　　問4．渡来　　問5．2．江田船山　3．稲荷山　4．ワカタケル　　問6．A．唐招提　B．法隆　C．遣唐　D．蘇我／B→D→A→C　　問7．エ
問8．北条時宗　　問9．8．肥後　9．火薬　10．防塁　　問10．有田　　問11．⑴コロンブス　⑵ローマ　⑶南蛮　　問12．石見　　問13．イ　　問14．文明開化　　問15．⑴クジラ　⑵石炭　　問16．長州

4 問1．A．立法　B．司法　　問2．あ．指名　い．衆議　う．弾劾　え．選挙　　問3．イ　　問4．最高裁判所の裁判官を罷免するかどうかを，国民の直接投票で審査する制度。　　問5．メディアリテラシー　　問6．エ

真和中学校

A

(1) 与式$=5.1-2\times\frac{7}{4}=5.1-\frac{7}{2}=5.1-3.5=$**1.6**

(2) 与式$=\frac{4}{7}\times(\frac{8}{5}\times2+\frac{3}{10})=\frac{4}{7}\times(\frac{16}{5}+\frac{3}{10})=\frac{4}{7}\times(\frac{32}{10}+\frac{3}{10})=\frac{4}{7}\times\frac{35}{10}=$**2**

(3) 与式$=\frac{7}{20}\div(\frac{15}{40}-\frac{8}{40})-\frac{4}{3}=\frac{7}{20}\div\frac{7}{40}-\frac{4}{3}=\frac{7}{20}\times\frac{40}{7}-\frac{4}{3}=2-\frac{4}{3}=\frac{6}{3}-\frac{4}{3}=$**$\frac{2}{3}$**

(4) 与式より，$(\square-41)\times\frac{1}{3}=494\div19$　　$\square-41=26\times3$　　$\square=78+41=$**119**

(5) **【解き方】5の倍数でも7の倍数でもある数は5と7の最小公倍数35の倍数である。**

1から100までの整数のうち，5の倍数は100÷5＝20(個)，7の倍数は，100÷7＝14余り2より，14個，5の倍数でも7の倍数でもある数は，100÷35＝2余り30より，2個ある，よって，5の倍数または7の倍数は20＋14－2＝**32**(個)ある。

(6) **【解き方】間隔《かんかく》の数は木の本数より1個少ないから，20－1＝19(個)ある。**

木の直径は0.45mだから，左端《ひだりはし》から右端までの距離《きょり》は10×19＋0.45×20＝**199**(m)

(7) ぶどうを栽培している面積は全体の面積の(1－0.45)×(1－0.6)＝0.22(倍)だから，6800×0.22＝**1496**(㎡)である。

(8) **【解き方】樹形図をかいて考える。**

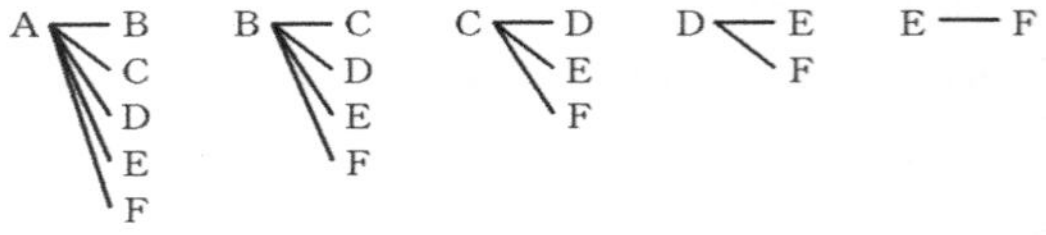

どのチームとも1回ずつ試合をするとき，右の樹形図のようになるので，全部で**15**試合ある。

(9) **【解き方】(平均)×(教科数)＝(合計点)となることを利用する。**

国語と算数2教科の合計点は74.5×2＝149(点)，4教科の合計点は73×4＝292(点)だから，理科と社会2教科の合計点は292－149＝143(点)である。理科と社会の得点比が5：6だから，社会は$143\times\frac{6}{5+6}=$**78**(点)である。

(10) **【解き方】水を加えても食塩水にふくまれる食塩の量は変わらないことを利用する。**

8％の食塩水300gにふくまれる食塩は300×0.08＝24(g)であり，水を加えると濃度が5％になったから，食塩水の量は$24\times\frac{100}{5}=480$(g)になった。よって，加えた水の量は480－300＝**180**(g)である。

(11) **【解き方】底面の円の円周の長さが15.7㎝である。**

底面の円の直径は15.7÷3.14＝5(㎝)だから，求める表面積は$\frac{5}{2}\times\frac{5}{2}\times3.14\times2+6\times5\times3.14=$
(12.5＋30)×3.14＝**133.45**(㎠)

(12) 右図で，角ABC＝90°，角DBE＝45°だから，

角ABF＝90°－45°－21°＝24°

角CAB＝60°であり，三角形ABFにおいて，三角形の1つの外角は，これととなり合わない2つの内角の和に等しいから，角㋐＝24°＋60°＝**84°**

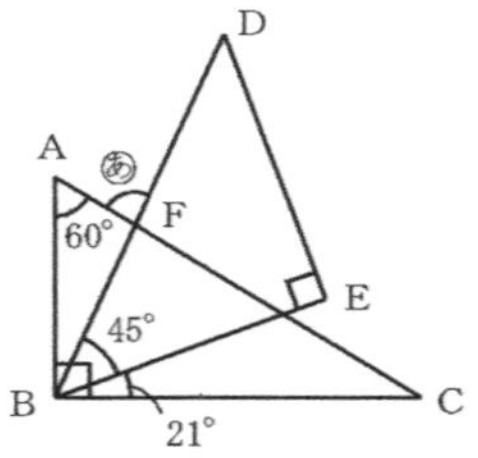

B

1 (1) A君は2240mの道のりを35分で歩いたから，A君がスーパーに向かって歩いたときの速さは，2240÷35＝64より，分速**64**mである。

(2) **【解き方】A君がスーパーから映画館に向かって進む速さは，$64\times\frac{3}{4}=48$より，分速48mである。**

A君はスーパーから48×20＝960(m)歩いて映画館に着いた。A君とB君の家は5.6㎞＝5600m離《はな》れているから，B君の家から映画館までの道のりは5600－(2240＋960)＝**2400**(m)である。

(3) **【解き方】B君が家の方に走ってもどる速さを分速⑤mとすると，財布を受け取って映画館に向かう速さは**

分速③mである。B君が進んだ道のりについての式を立てて，B君が家の方に走ってもどる速さを求める。

B君が家に向かって引き返したのは，B君の家から60×28＝1680(m)，つまり映画館まであと2400－1680＝720(m)のところである。B君は13時に家を出発し，14時10分に映画館に着いたから，家から映画館まで14時10分－13時＝70分かかった。よって，B君が財布を受け取ってから映画館に着くまでにかかった時間は70－28－9－2＝31(分)である。家に向かって引き返したところから，母に出会ったところまでの道のりについて，⑤×9＝③×31－720　㊺＝$\textcircled{93}$－720　㊽＝720　①＝15だから，B君が家に向かう速さは，$15\times\frac{\textcircled{5}}{\textcircled{1}}=75$より，分速75mである。よって，財布を受け取ったのはB君の家から1680－75×9＝**1005**(m)のところである。

2 (1)　**【解き方】分母が6以下の分数の個数を求める。**

［7，2］は$\frac{2}{7}$だから，分母が7の分数のうち2番目である。分母がnの分数はn個あるから，分母が6以下の分数は全部で1＋2＋3＋4＋5＋6＝21(個)あるので，［7，2］は21＋2＝**23**(番目)である。

(2)　**【解き方】(1)より，20番目の数は$\frac{2}{7}$の3つ前だから$\frac{5}{6}$である。また，$\frac{7}{7}$は23＋(7－2)＝28(番目)だから，30番目の数は$\frac{2}{8}$である。よって，$\frac{5}{6}$から$\frac{2}{8}$までの分数の和を求める。**

$\frac{5}{6}$から$\frac{2}{8}$までの分数について，分母が6の分数の和は，$\frac{5}{6}+\frac{6}{6}=1\frac{5}{6}$，分母が7の分数の和は，$\frac{1}{7}(1+2+\cdots+7)=\frac{1}{7}\times\frac{(1+7)\times 7}{2}=4$，分母が8の分数の和は$\frac{1}{8}+\frac{2}{8}=\frac{3}{8}$だから，求める和は$1\frac{5}{6}+4+\frac{3}{8}=\mathbf{6\frac{5}{24}}$である。

(3)　**【解き方】分母が同じ分数の和について，規則性を考える。**

分母が1の分数の和は，$\frac{1}{1}=1$，分母が2の分数の和は，$\frac{1}{2}+\frac{2}{2}=1.5$，分母が3の分数の和は$\frac{1}{3}+\frac{2}{3}+\frac{3}{3}=2$，…となるから，分母の数が1大きくなると，分母が同じ分数の和は0.5大きくなる。

次に，108番目の分数について考える。分母が14となる最後の分数は$\frac{(1+14)\times 14}{2}=105$(番目)だから，108番目の分数は分母が15の108－105＝3(番目)なので，$\frac{3}{15}$である。分母が14の分数の和は1＋0.5×(14－1)＝7.5だから，求める分数の和は，$1+1.5+\cdots+7.5+\frac{1}{15}+\frac{2}{15}+\frac{3}{15}=\frac{(1+7.5)\times 14}{2}+\frac{6}{15}=59.5+\frac{2}{5}=\mathbf{59\frac{9}{10}}$

3 (1)　**【解き方】容器を正面から見ると図iのようになり，その面積は8400÷20＝420(㎠)である。**

図 i

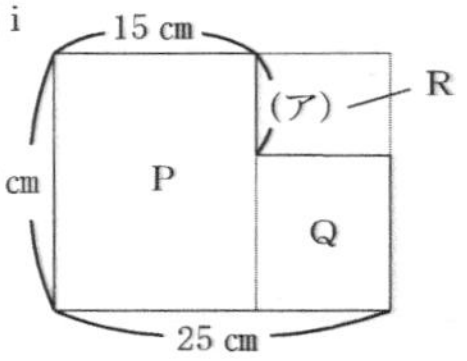

図の長方形P，Q，Rの面積の合計は20×25＝500(㎠)だから，長方形Rの面積は500－420＝80(㎠)である。よって，(ア)＝80÷(25－15)＝**8**(cm)

(2)　**【解き方】図iiのように，容器を2つの直方体の部分に分けて考える。**

図 ii

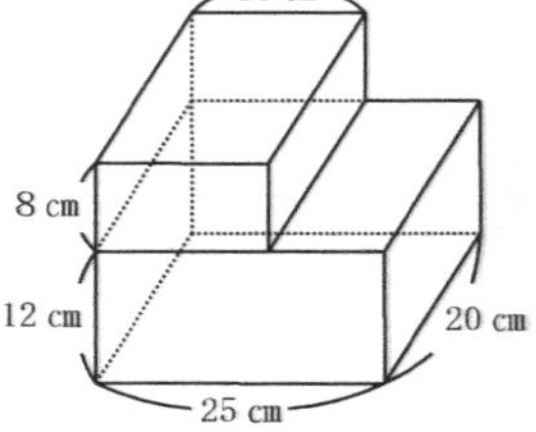

(イ)は下の直方体に水が入りきるまでの時間である。下の直方体の体積は20×25×12＝6000(㎤)だから，6000÷250＝24より，(イ)＝**24分0秒**である。

(3)　**【解き方】(2)の解説をふまえる。**

(ウ)は容器全体に水が入りきるまでの時間である。図iiの上の直方体の体積は8400－6000＝2400(㎤)だから，24＋2400÷250＝33.6より，(ウ)＝33.6分＝33分(60×0.6)秒＝**33分36秒**である。

(4)　**【解き方】同じ水の量を入れたときに上《じょう》昇《しょう》する水面の高さの比は，底面積の比の逆比になることを利用する。**

下の直方体と上の直方体の水が入る部分の底面積の比は(20×25)：(20×15)＝5：3である。よって，同じ水の量を入れたときに上昇する水面の高さの比は5：3の逆比の3：5だから，1分間に入れる水の量を$\frac{3}{5}$倍にすればよい。したがって，(エ)＝$250\times\frac{3}{5}=150$より，毎分**150**㎤である。

真和中学校

《国　語》

一　問一．最初のオンライン試験　　問二．エ　　問三．×　　問四．イ　　問五．イ　　問六．ウ　　問七．ア
問八．「宇宙に行きたい」というのは、宇宙船などの乗客として宇宙旅行に行くのが目的であり、「宇宙飛行士になりたい」というのは、飛行機のパイロットのように、宇宙船などで仕事をする乗組員になるのが目的である。

二　問一．㋐耕　㋑情　㋒厳　㋓似　㋔予測　　問二．エ　　問三．㋒　　問四．Ⅰ．イ　Ⅱ．オ　Ⅲ．ウ
問五．弱く小さな雑草の芽生えにとって、発芽の時期は死活問題　　問六．アサガオの種子は、酸素が通ると芽を出す硬実種子であり、種皮に傷が付くことで酸素が通りやすくなるから。　　問七．イ　　問八．A．発芽には適さない　B．発芽のタイミング　　問九．ウ

三　問一．㋐余計　㋑確認　㋒囲　㋓定期　㋔都合　㋕立派　㋖優　　問二．ⓐウ　ⓑエ　ⓒエ　　問三．ア
問四．(ⅰ)ア　(ⅱ)過ぎてしまった幸せな思い出に浸ることができるから　　問五．エ　　問六．アイがしっかりしているのは、自分や妻が家にいる時間が短く、いつも一人で留守番をさせてきたせいではないかと思ったから。
問七．一人ではさみしいので家に帰ってきてほしいという気持ちを、伝えなかったということ。　　問八．イ

《算　数》

A　ア．$\frac{2}{5}$　　イ．234　　ウ．7　　エ．19.1　　オ．103　　カ．3　　キ．8　　ク．240　　ケ．7.5　　コ．57
サ．1200　　シ．27　　ス．74

B　※1 (1)5：6　　(2)1350　　(3)2000
※2 (1)43　　(2)184，3　　(3)671
※3 (1)6　　(2)2　　(3)6

※の求め方は解説を参照してください。

《理　科》

1　問1．A．かん臓　B．肺　C．胃　D．小腸　Dにひだがある理由…表面積を大きくして，栄養分を効率よく吸収するため。　　問2．(D)　　問3．下線部②…交感　下線部③…副交感　　問4．イ
問5．(1)イ，エ　(2)にょう量は多くなり，にょうの濃さはうすくなる。　　問6．(1)288　(2)120　(3)69120

2　問1．a．固　b．液　c．蒸発　d．水蒸気　　問2．ウ，エ　　問3．ろうとの先のとがった方をビーカーのかべにつける。　　問4．(1)1番目…ほう酸　2番目…ミョウバン　3番目…×　4番目…×　(2)45.5　(3)170.5　(4)25.4　　問5．(1)630　(2)鉄　(3)2.3

3　問1．24　　問2．32　　問3．40　　問4．30　　問5．72　　問6．50　　問7．21.6
問8．おもり1…160　おもり2…8　おもり3…32

《社　会》

1 問１．東／135　問２．オーストラリア　問３．大西　問４．ア　問５．⑴ウ　⑵プーチン　⑶クリミア
問６．⑴①イ　②エ　③ア　⑵人口が多いので，国内で消費する量が多いから。

2 問１．A．G　B．F　C．E　D．H　問２．A．ウ　B．カ　C．エ　D．ア　問３．国後　問４．エ
問５．なまはげ　問６．⑴京葉　⑵ウ

3 問１．A．エ　B．カ　問２．１．蒸気　２．石油　３．有明　問３．⑴ア　⑵ウ　⑶エ　⑷エ　⑸イ
問４．ウ　問５．八幡　問６．イ　問７．アイヌ　問８．５．年貢　６．キリシタン　問９．エ
問10．西南戦争　問11．国際連合　問12．三種の神器　問13．⑴板付　⑵大王　⑶清少納言　⑷明智光秀
⑸エ　⑹イ　⑺ウ

4 問１．１．基本的人権　２．文化　３．天皇　４．助言　問２．エ　問３．イ　問４．エ

5 問１．⑴18　⑵参議院　問２．⑴ア　⑵厚生労働　問３．⑴民事裁判で裁判所にうったえた側の当事者。
⑵福岡県　問４．⑴財務　⑵エ

真和中学校

A (1) 与式 $=\frac{7}{10}\div\frac{20-6}{15}\times\frac{8}{15}=\frac{7}{10}\div\frac{14}{15}\times\frac{8}{15}=\frac{7}{10}\times\frac{15}{14}\times\frac{8}{15}=\frac{2}{5}$

(2) 与式＝2.34×(52＋26＋22)＝2.34×100＝234

(3) 与式 $=15-\{8\frac{2}{3}-(\frac{2}{6}+\frac{5}{6})\times\frac{4}{7}\}=15-(8\frac{2}{3}-\frac{7}{6}\times\frac{4}{7})=15-(8\frac{2}{3}-\frac{2}{3})=15-8=7$

(4) $2.5+\frac{1}{6}+(20-□)\div0.3=5\frac{2}{3}$　　$(20-□)\div0.3=5\frac{2}{3}-2\frac{1}{2}-\frac{1}{6}$　　$(20-□)\div0.3=5\frac{4}{6}-2\frac{3}{6}-\frac{1}{6}$

(20－□)÷0.3＝３　　20－□＝３×0.3　　□＝20－0.9　　□＝19.1

(5) **【解き方】５で割ると３余る数は５の倍数より２小さい数，７で割ると５余る数は７の倍数より２小さい数だから，両方の条件に合う数は，５と７の公倍数(最小公倍数である35の倍数)より２小さい数である。**

35の倍数のうち100と前後する数は，35×２＝70と35×３＝105である。

70－２＝68と105－２＝103のうち100に近い数は103であり，これが求める数である。

(6) **【解き方】１÷13＝0.076923076923…となり，076923という６つの数が繰《く》り返される。**

小数第30位の数は，30÷６＝５より，５回目の繰り返しの最後の数なので，３である。

(7) ３つ以上の数の最大公約数を求めるときは，右のような筆算を利用する。３つの数を割り切れる数で次々に割っていき，割った数をすべてかけあわせれば最大公約数となる。

2)	24	40	48
2)	12	20	24
2)	6	10	12
	3	5	6

よって，求める最大公約数は，２×２×２＝８

また，３つ以上の数の最小公倍数を求めるときは，右のように筆算を行う。３つの数のうち２つ以上を割り切れる素数で次々に割っていき(割れない数はそのまま下におろす)，割った数と割られた結果残った数をすべてかけあわせれば，最小公倍数となる。よって，求める最小公倍数は，２×２×２×３×１×５×２＝240

2)	24	40	48
2)	12	20	24
2)	6	10	12
3)	3	5	6
	1	5	2

(8) **【解き方】つるかめ算を利用する。**

時速３kmで２時間歩いたとすると，歩いた道のりは３×２＝６(km)になり，実際より９－６＝３(km)短くなる。時速３kmで歩いた１時間を時速５kmで歩いたとおきかえると，歩いた道のりは５－３＝２(km)長くなるから，時速５kmで歩いた時間は，３÷２＝1.5(時間)である。よって，時速５kmで歩いた道のりは，５×1.5＝7.5(km)

(9) **【解き方】もとの２つの数を②と③とすると，②＋６と③－２の比が４：５である。**

(②＋６)×５と(③－２)×４が等しいから，⑩＋30と⑫－８が等しい。

したがって，⑫－⑩＝②が30＋８＝38にあたるので，もとの２つの数のうち大きい方の数は，$38\times\frac{③}{②}=57$

(10) 定価の20%引きは，定価の100－20＝80(%)なので0.8倍だから，求める金額は，960÷0.8＝1200(円)

(11) **【解き方】100円２枚と50円２枚でつくることのできる金額は，０円，50円，100円，150円，200円，250円，300円の７通りである。このそれぞれの金額に対して，10円玉の選び方が０枚から３枚の４通りあると考える。**

硬貨の組み合わせの数は，７×４＝28(通り)となるが，支払うことができる金額とあるので，０円は除いて考える。したがって，28－１＝27(通り)

⑿　**【解き方】各辺の長さは右図のようになる。図のように作図する。**

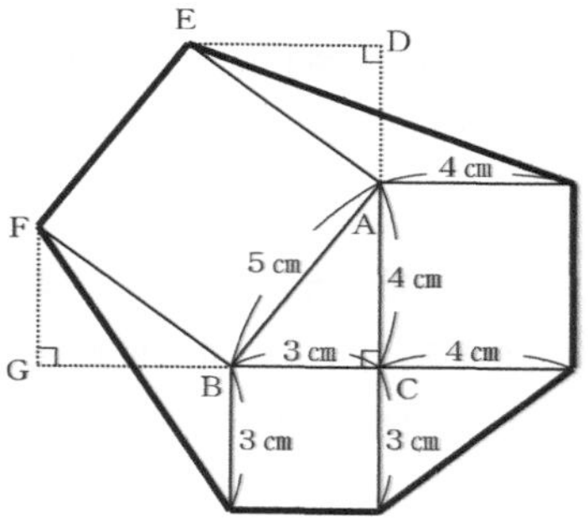

三角形ＡＢＣと三角形ＥＡＤにおいて，

ＡＢ＝ＥＡ＝５cm，角ＡＣＢ＝角ＥＤＡ＝90°，

角ＡＢＣ＝180°－角ＡＣＢ－角ＢＡＣ＝180°－90°－角ＢＡＣ＝角ＥＡＤ

したがって，三角形ＡＢＣと三角形ＥＡＤは合同だから，ＡＤ＝ＢＣ＝３cm

同様に，三角形ＡＢＣと三角形ＢＦＧも合同だから，ＢＧ＝ＡＣ＝４cm

求める面積は，１辺がそれぞれ３，４，５cmの正方形の面積と，

底辺と高さが３cm，４cmの三角形４つの面積の和である。

よって，３×３＋４×４＋５×５＋３×４÷２×４＝74(cm²)

B

1　⑴　**【解き方】２人の下る速さが同じなので，下る速さの比を２と５の最小公倍数 10 に合わせて考える。**

登る速さと下る速さの比は，真也君が５：10，和也君が６：10 となるので，二人の登る速さの比は，５：６

⑵　**【解き方】真也君は下り，和也君は登りの途中で２人は出会う。よって，真也君の下りの速さと和也君の登りの速さの比から考えればよい。**

⑴より，真也君の下りの速さと，和也君の登りの速さの比は，10：６＝５：３である。

よって，同じ時間移動したときに進む道のりの比も５：３となるから，２人が最初に出会う場所は，Ｂ地点から，$3600\times\frac{3}{5+3}$＝1350(m)進んだ地点となる。

⑶　**【解き方】速さの比が⑴で求めた比となるように，真也君の登りの速さを分速 50m，和也君の登りの速さを分速 60m，２人の下りの速さを分速 100mとおき，具体的な時間を計算しながら調べていく。**

真也君がＢ地点に着くのは 3600÷100＝36(分後)，和也君がＡ地点に着くのは，3600÷60＝60(分後)である。したがって，和也君がＡ地点を出発したとき，真也君は 50×(60－36)＝1200(m)登っているから，２人は 3600－1200＝2400(m)はなれている。この 2400÷(50＋100)＝16(分後)に２人は２回目に出会い，このとき真也君はＢ地点から 1200＋50×16＝2000(m)進んでいる。これが求める道のりである。

2　⑴　**【解き方】どの周でも，連続する整数が，間に２つの整数をはさみながら時計回りに並んでいる。したがって，どの周でも，１番目の数は 11 で割ると１余る数，２番目の数は 11 で割ると５余る数，３番目の数は 11 で割ると９余る数，……となり，11 で割ったときの余りは１周目を見ればわかるようになっている。**

４周目には，11×３＋１＝34 から 11×４＝44 までの数が並ぶ。６番目は 11 で割ると 10 余る数だから，４周目の６番目の数は，33＋10＝43

⑵　**【解き方】⑴より，11 番目の数を除くと，ｎ周目には 11 で割ったときの商がｎ－１の数が並ぶ。**

2022÷11＝183 余り９で，余りが９の数は３番目だから，2022 は 184 周目の３番目の数である。

⑶　**【解き方】ここまでの解説をふまえ，１周目の１番目の数，２周目の２番目の数，３周目の３番目の数，…，11 周目の 11 番目の数，をそれぞれ式で表すと，規則的な数の並びが見えてくる。ただし，11 周目の 11 番目の数は 11×11 だが，余りが 11 の数と考え，11×10＋11 と表す。**

(11×０＋１)＋(11×１＋５)＋(11×２＋９)＋…＋(11×10＋11)を計算すればよい。

＿＿部分の数は，０から 10 までの連続する整数になる。＿＿部分の数は１周目の数が並ぶが，順番をかえると１から 11 までの連続する整数である。よって，求める和は，

11×(０＋１＋２＋３＋…＋10)＋(１＋２＋３＋…＋11)＝11×55＋66＝671

3 (1)　Rは秒速2cmで進むので，9秒後までに18cm進む。よって，正三角形ABCの1辺の長さは，18÷3＝6(cm)

(2)　**【解き方】Rは3秒後までに6cm進むから，正三角形の1辺の長さは2cmである。**

スタートしたときのPとRの間の距離《きょり》は正三角形の1辺の長さだから2cmである。また，この距離は1秒ごとに2－1＝1(cm)ちぢまるから，RがPにはじめて重なる，つまり追いつくのはスタートしてから，2÷1＝2(秒後)

(3)　**【解き方】QがBに2回戻ってくるまでの時間は，6×2＝12(秒)である。P，Q，Rの位置関係を1秒ごとに図にまとめていくが，RがPまたはQに重なるときは三角形PQRができないので，図をかく必要がない。**

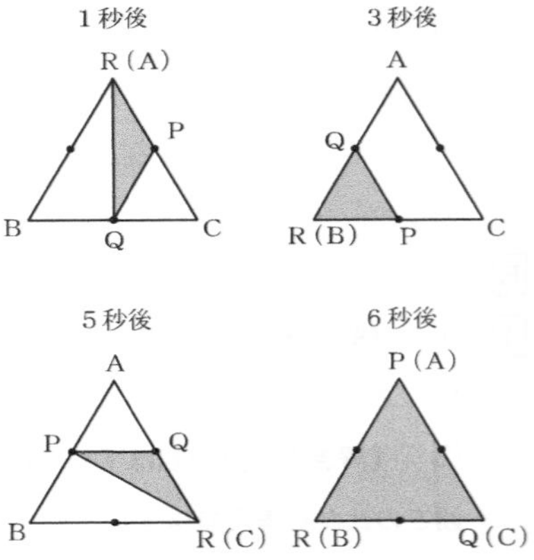

RがPにはじめて重なるのは，(2)より2秒後である。そのときQはRの2cm先にあるので，さらに2÷(2－1)＝2(秒後)の2＋2＝4(秒後)に，RがQに重なる。2秒後と4秒後を除いた6秒後までの図は右のようになる。

1秒後の図について，三角形CQRの面積は三角形ABCの面積の$\frac{1}{2}$で，PがACの真ん中の点だから，三角形PQRの面積は三角形CQRの面積の$\frac{1}{2}$である。したがって，三角形PQRの面積は三角形ABCの面積の，$\frac{1}{2}\times\frac{1}{2}=\frac{1}{4}$である。

3秒後，5秒後の図についても同様に考えることができるので，これらのときも三角形PQRの面積は三角形ABCの面積の$\frac{1}{4}$である。したがって，6秒後までで条件に合う状態になることが3回ある。

6秒後の図はスタートの図と同じなので，7～12秒後も1～6秒後と同じ移動が繰り返される。

よって，求める回数は，3×2＝6(回)

2022 解答例 令和４年度　★真和中学校

《国　語》

一　問一．スポーツが持つ力　問二．迫害・差別　問三．(1)選手の心の健康の維持　(2)若い選手たちののびのびとしたプレー／仲間の技をたたえ合う自由な雰囲気　問四．(1)B　(2)A　(3)C
問五．(例文)私は、資料Bに関連して、部屋の電気をこまめに消すようにしたいと思います。その理由は、毎日、家で簡単に取り組むことができるからです。

二　問一．㋐しる　㋑かおく　㋒開業　㋓傷　㋔起承転結　問二．A．ウ　B．ア　C．エ　D．オ　E．イ
問三．エ　問四．つじつま　問五．印象に残った事実や出来事　問六．歴史は記憶～化の作業だ
問七．イ　問八．それを言葉にして物語に語りなおすことで、耐えられるようになるから。　問九．イ
問十．自分が何者であるかということ（アイデンティティ）を問いなおし、語りなおすことが、これから生きていくために必要だから。　問十一．アイデンティティ

三　問一．㋐応接　㋑額　㋒編　問二．A．オ　B．エ　C．ア　D．カ　E．ウ　問三．Ⅰ．目　Ⅱ．口
問四．ウ　問五．家にりっぱなピアノがある幡野さんに、拾いもののオルガンをひいて聞かせたことをはずかしく思う気持ち。　問六．お見舞いに行こう　問七．この花びん　問八．イ

《算　数》

A　ア．36　イ．$10\frac{1}{7}$　ウ．2.45　エ．$1\frac{2}{3}$　オ．1848　カ．500　キ．120
ク．14　ケ．126　コ．24　サ．800　シ．10.32

B　※1 (1)3　(2)35　(3)30
※2 (1)火　(2)金
3 ※(1)7　※(2)40　(3)①　(4)右グラフ

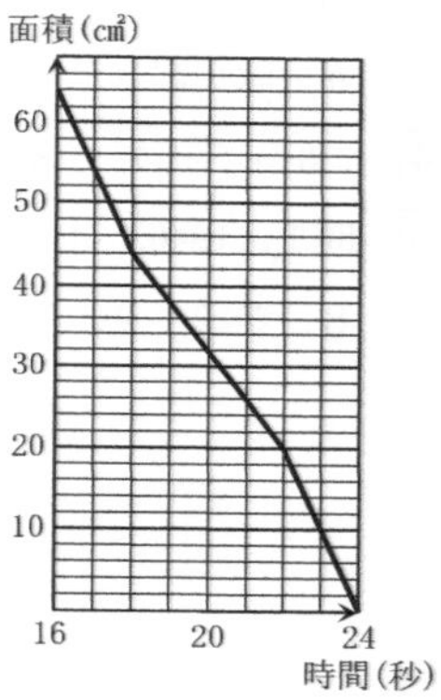

※の求め方は解説を参照してください。

《理　科》

1 問1．ウ　問2．ウ，エ　問3．ミツバチに受粉の手助けをしてもらうため。
問4．最も量が多いものの名前…でんぷん　どの部分…葉　問5．ジャガイモ…くき　ニンジン…根
タマネギ…葉　問6．ア，エ，カ　問7．イ　問8．ア，エ，オ，カ

2 問1．酸素…ウ，ク　二酸化炭素…オ，キ　問2．1円玉 10 枚の重さを上皿てんびんではかる。次にメスシリンダーに一定量の水を入れ，1円玉 10 枚を沈めて体積の増加分を読み取る。重さを体積の増加分で割って密度を求める。　問3．0.82　問4．1.25　問5．(1)1.9　(2)1.5

3 問1．ア．28.8　イ．1440　ウ．1.44　エ．1440　オ．0　カ．速く　キ．400　問2．80　問3．150
問4．400　問5．200

《社　会》

1 問1．エ／盛岡　問2．A．オ　B．エ　C．カ　D．イ　問3．(1)関ヶ原　(2)徳川家康　問4．(1)交番
(2)ウ，エ　(3)糸魚川　(4)北…飛驒　中央…木曽　南…赤石　問5．(1)中京工業地帯で生産された自動車が，名古屋港から輸出されるから。　(2)ア　問6．ア　問7．ア

2 問1．(1)ア．小麦　イ．米　ウ．とうもろこし　(2)バイオマス　(3)温室効果　(4)イ　問2．(1)ア　(2)ウ　(3)ア
問3．(1)VR　(2)テレワーク

3 問1．夏目漱石　問2．イ　問3．(1)貴族　(2)3．神　4．元首　5．法律　6．陸海　7．言論
問4．アテネ　問5．(1)八幡　(2)イ　(3)田中正造　問6．(1)金沢／イ　(2)ク　問7．西南戦争
問8．領事裁判権を撤廃すること。　問9．東郷平八郎　問10．(1)松尾芭蕉　(2)山形県　問11．第一次世界大戦が起きたから。

4 [語句／記号]　A[大和／イ]　B[冠位十二階／ウ]　C[平治／イ]　D[堺／ア]　E[浮世絵／ウ]

5 問1．1946，11，3　問2．1．選挙　2．国事　3．最高　4．性　5．文化　6．教育　7．立法
8．参議　9．国民投票

←解答例は前のページにありますので，そちらをご覧ください。

A (1) 与式$=6\times\{7-(53-52)\}=6\times(7-1)=6\times6=36$

(2) 与式$=12-\frac{15}{7}+\frac{2}{7}=\frac{84}{7}-\frac{15}{7}+\frac{2}{7}=\frac{71}{7}=10\frac{1}{7}$

(3) 与式$=4.3+0.4-2.25=4.7-2.25=2.45$

(4) 与式$=(\frac{9}{6}-\frac{4}{6})\times\frac{3}{5}+\frac{7}{8}\times\frac{4}{3}=\frac{5}{6}\times\frac{3}{5}+\frac{7}{6}=\frac{3}{6}+1\frac{1}{6}=1\frac{4}{6}=1\frac{2}{3}$

(5) $24=2\times2\times2\times3$，$66=2\times3\times11$，$84=2\times2\times3\times7$だから，
最小公倍数は，$2\times2\times2\times3\times7\times11=1848$

(6) 定価の4割引きの値段は，$1000\times(1-0.4)=600$(円)である。仕入れ値を1とすると，仕入れ値の2割を利益としたときの値段は，$1\times(1+0.2)=1.2$になるから，仕入れ値は，$600\div1.2=500$(円)

(7) **【解き方】長針は1分間に6°，短針は1分間に0.5°動く。時計の文字盤《ばん》の数字と数字の間の角度は，360°÷12=30°だから，2時ちょうどのとき，短針は長針より30°×2=60°前を進んでいる。**
長針は短針より，1分あたり$6°-0.5°=5.5°$多く進むから，60°を追いつくのに$60\div5.5=\frac{120}{11}$(分)かかる。
よって，2時から3時の間で，時計の長針と短針がちょうど重なるのは2時$\frac{120}{11}$分である。

(8) **【解き方】家から学校までの道のりを求める。**
家から学校までは，$70\times18=1260$(m)だから，分速90mで歩くと，$1260\div90=14$(分)かかる。
また，10分で学校に着くには，自転車で分速$(1260\div10)$m＝分速126mで走ればよい。

(9) **【解き方】3色を使ってとあるので，同じ色の部分はない。上から色を決めていく。**
一番上の色は，赤，白，青，黄の4通りの色が考えられる。真ん中の色は，一番上に決めた色以外の3通り，一番下は上の2つに決めた色以外の2通りあるから，旗は全部で，$4\times3\times2=24$(通り)

(10) **【解き方】砂場の広さは，学校全体の広さの，$\frac{2}{5}\times\frac{1}{8}=\frac{1}{20}$で，40㎡ある。**
小学校全体の広さは，$40\div\frac{1}{20}=800$(㎡)

(11) **【解き方】右図の色をつけた図形に注目すると，斜線部分の中に12個ある。**
右の図形を4個組み合わせると，1辺が2＋2＝4(cm)の正方形の中に，半径2cmの円が作図できる。

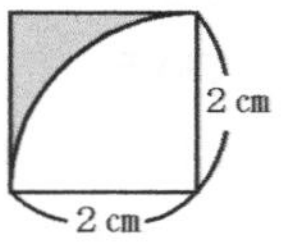

求める面積は，$(4\times4-2\times2\times3.14)\times\frac{12}{4}=3.44\times3=10.32$(㎠)

B

1 (1) **【解き方】A町に戻ってきたバスは，30分間停車した後に再び出発する。**
真君が出発するとき，A町発B町行きのバスの発車まで40分あったから，このバスは，真君が出発した$40-30=10$(分後)にA町のバス停に着く。バスとすれ違ったのは真君が出発してから7分後だから，バスはそれから$10-7=3$(分後)にA町のバス停に着く。

(2) **【解き方】真君がA町から出発してバスとすれ違うまでに進んだ道のりを，バスは10－7＝3(分)で進んだことになる。**
真君が7分間に進んだ道のりを，バスは3分間で進んだ。速さとかかる時間は反比例するから，かかった時間の比が7：3なら，速さの比は3：7になる。よって，バスの時速は，時速$(15\times\frac{7}{3})$km＝時速35km

(3) **【解き方】A町発B町行きのバスが出発するとき，真君はA町から$15\times\frac{40}{60}=10$(km)進んでいる。**

バスの速さと真君の自転車の速さの差は，時速(35－15)km＝時速20kmだから，10kmの差を追いつくのに10÷20＝0.5(時間)かかる。よって，真君がバスに追い抜《ぬ》かれるのは，出発してから，0.5×60＝30(分後)

2 ⑴ **【解き方】1月は31日あるから，2月1日は1月1日から数えて，31＋1＝32(日目)である。**

32÷7＝4余り4より，1月1日から2月1日までは4週間と4日あるから，2月1日は土曜日から数えて4日後の火曜日である。

⑵ **【解き方】うるう年でない年は52週と1日，うるう年は52週と2日あるから，1年の中で余る日数だけで数える。その際余る日数が1日，1日，2日，1日の4年を1つの周期として考える。**

2022年1月1日から2071年12月31日までは，2072－2022＝50(年)ある。50÷4＝12余り2より，50年は4年の周期を12回と2年である。4年の周期の中の余りの日数の和は1＋1＋2＋1＝5(日)だから，50年間のうちの余りの日数の和は，5×12＋1＋1＝62(日)になる。

62÷7＝8余り6より，2071年12月31日は，土曜日から数えて6日後の木曜日だから，2072年1月1日は金曜日である。

3 ⑴ **【解き方】動き始めてから2秒後の，図形(ア)と(イ)の重なっている部分は，右図の色をつけた部分になる。**

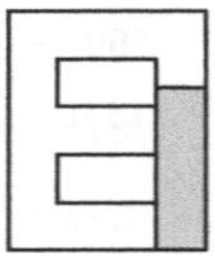

右図の色をつけた部分は，横の長さが2cmで，面積が14㎠だから，図形(イ)のＢＣの長さは，

14÷2＝7(cm)

⑵ **【解き方】動き始めてから7秒後の，図形(ア)と(イ)の重なっている部分は，右図の色をつけた部分になる。**

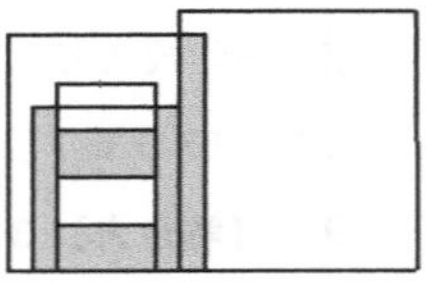

右図のように色をつけた部分を長方形に分けると，たてが7cm，横が1cmの長方形が2個，たてが2cm，横が8－2×2＝4(cm)の長方形が2個，縦が10cm，横が1cmの長方形が1個あるから，求める面積は，7×1×2＋2×4×2＋10×1×1＝40(㎠)

⑶ **【解き方】図形(ア)の形に着目すると，重なり始めてから図形(ア)が2cm進むと，重なっていた辺ＢＣの一部が重ならなくなる。その後4cm進むと再び辺ＢＣは全部重なるようになり，次に2cmをこえて進むと完全に重ならなくなる。したがって，面積が増える割合の変化は，2秒後，2＋4＝6(秒後)，6＋2＝8(秒後)に起きている。**

2秒後，6秒後，8秒後に面積の変化があるのは，①，②，③のグラフであり，この中で7秒後の面積が40㎠になっているのは①だけである。よって，①を選ぶ。

⑷ **【解き方】面積が減る割合の変化があるのは，18秒後，22秒後である。**

18秒後

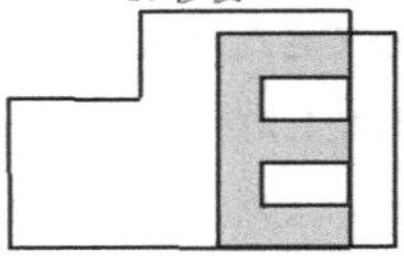

22秒後

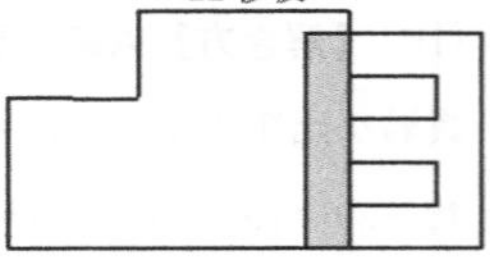

18秒後の重なっている部分の面積は，

10×(8－2)－2×4×2＝44(㎠)

22秒後の重なっている部分の面積は，10×2＝20(㎠)

よって，16秒後に64㎠，18秒後に44㎠，22秒後に20㎠，24秒後に0㎠になる点を直線で結ぶ。

■ ご使用にあたってのお願い・ご注意

（1）問題文等の非掲載

著作権上の都合により，問題文や図表などの一部を掲載できない場合があります。

誠に申し訳ございませんが，ご了承くださいますようお願いいたします。

（2）過去問における時事性

過去問題集は，学習指導要領の改訂や社会状況の変化，新たな発見などにより，現在とは異なる表記や解説になっている場合があります。過去問の特性上，出題当時のままで出版していますので，あらかじめご了承ください。

（3）配点

学校等から配点が公表されている場合は，記載しています。公表されていない場合は，記載していません。

独自の予想配点は，出題者の意図と異なる場合があり，お客様が学習するうえで誤った判断をしてしまう恐れがあるため記載していません。

（4）無断複製等の禁止

購入された個人のお客様が，ご家庭でご自身またはご家族の学習のためにコピーをすることは可能ですが，それ以外の目的でコピー，スキャン，転載（ブログ，ＳＮＳなどでの公開を含みます）などをすることは法律により禁止されています。学校や学習塾などで，児童生徒のためにコピーをして使用することも法律により禁止されています。

ご不明な点や，違法な疑いのある行為を確認された場合は，弊社までご連絡ください。

（5）けがに注意

この問題集は針を外して使用します。針を外すときは，けがをしないように注意してください。また，表紙カバーや問題用紙の端で手指を傷つけないように十分注意してください。

（6）正誤

制作には万全を期しておりますが，万が一誤りなどがございましたら，弊社までご連絡ください。

なお，誤りが判明した場合は，弊社ウェブサイトの「ご購入者様のページ」に掲載しておりますので，そちらもご確認ください。

■ お問い合わせ

解答例，解説，印刷，製本など，問題集発行におけるすべての責任は弊社にあります。

ご不明な点がございましたら，弊社ウェブサイトの「お問い合わせ」フォームよりご連絡ください。迅速に対応いたしますが，営業日の都合で回答に数日を要する場合があります。

ご入力いただいたメールアドレス宛に自動返信メールをお送りしています。自動返信メールが届かない場合は，「よくある質問」の「メールの問い合わせに対し返信がありません。」の項目をご確認ください。

また弊社営業日（平日）は，午前９時から午後５時まで，電話でのお問い合わせも受け付けています。

2025 春

株式会社教英出版
〒422-8054　静岡県静岡市駿河区南安倍３丁目 12-28
TEL　054-288-2131　　FAX　054-288-2133
URL　https://kyoei-syuppan.net/
MAIL siteform@kyoei-syuppan.net

教英出版 2025　10の1　真和中

教英出版　2025年春受験用　中学入試問題集

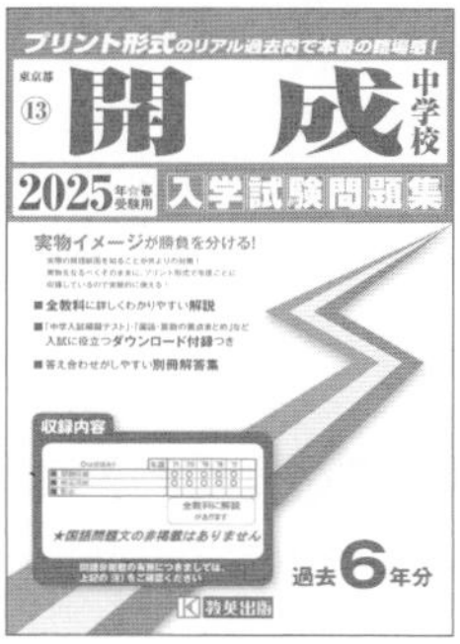

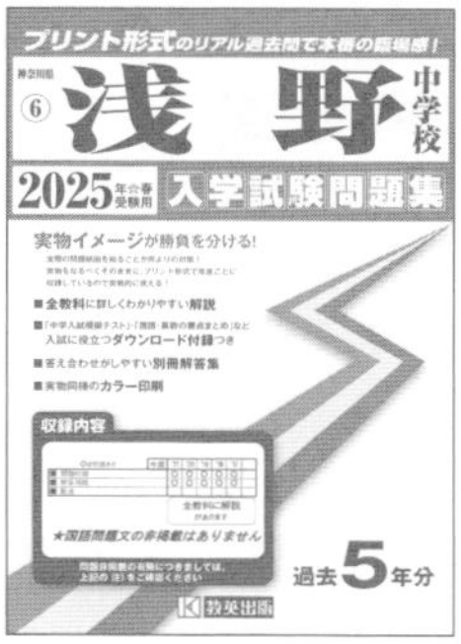

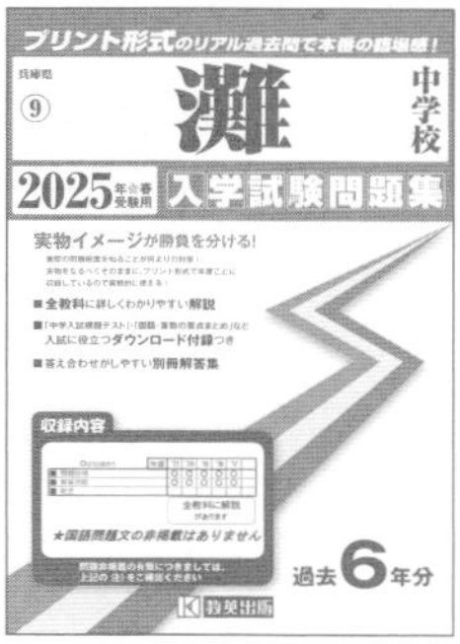

学校別問題集

✿はカラー問題対応

北海道

①[市立]札幌開成中等教育学校
②藤女子中学校
③北嶺中学校
④北星学園女子中学校
⑤札幌大谷中学校
⑥札幌光星中学校
⑦立命館慶祥中学校
⑧函館ラ・サール中学校

青森県

①[県立]三本木高等学校附属中学校

岩手県

①[県立]一関第一高等学校附属中学校

宮城県

①[県立]宮城県古川黎明中学校
②[県立]宮城県仙台二華中学校
③[市立]仙台青陵中等教育学校
④東北学院中学校
⑤仙台白百合学園中学校
⑥聖ウルスラ学院英智中学校
⑦宮城学院中学校
⑧秀光中学校
⑨古川学園中学校

秋田県

①[県立]
大館国際情報学院中学校
秋田南高等学校中等部
横手清陵学院中学校

山形県

①[県立]
東桜学館中学校
致道館中学校

福島県

①[県立]
会津学鳳中学校
ふたば未来学園中学校

茨城県

①[県立]
日立第一高等学校附属中学校
太田第一高等学校附属中学校
水戸第一高等学校附属中学校
鉾田第一高等学校附属中学校
鹿島高等学校附属中学校
土浦第一高等学校附属中学校
竜ヶ崎第一高等学校附属中学校
下館第一高等学校附属中学校
下妻第一高等学校附属中学校
水海道第一高等学校附属中学校
勝田中等教育学校
並木中等教育学校
古河中等教育学校

栃木県

①[県立]
宇都宮東高等学校附属中学校
佐野高等学校附属中学校
矢板東高等学校附属中学校

群馬県

①
[県立]中央中等教育学校
[市立]四ツ葉学園中等教育学校
[市立]太田中学校

埼玉県

①[県立]伊奈学園中学校
②[市立]浦和中学校
③[市立]大宮国際中等教育学校
④[市立]川口市立高等学校附属中学校

千葉県

①[県立]
千葉中学校
東葛飾中学校
②[市立]稲毛国際中等教育学校

東京都

①[国立]筑波大学附属駒場中学校
②[都立]白鷗高等学校附属中学校
③[都立]桜修館中等教育学校
④[都立]小石川中等教育学校
⑤[都立]両国高等学校附属中学校
⑥[都立]立川国際中等教育学校
⑦[都立]武蔵高等学校附属中学校
⑧[都立]大泉高等学校附属中学校
⑨[都立]富士高等学校附属中学校
⑩[都立]三鷹中等教育学校
⑪[都立]南多摩中等教育学校
⑫[区立]九段中等教育学校
⑬開成中学校
⑭麻布中学校
⑮桜蔭中学校
⑯女子学院中学校
✿⑰豊島岡女子学園中学校
⑱東京都市大学等々力中学校
⑲世田谷学園中学校
✿⑳広尾学園中学校(第2回)
✿㉑広尾学園中学校(医進・サイエンス回)
㉒渋谷教育学園渋谷中学校(第1回)
㉓渋谷教育学園渋谷中学校(第2回)
㉔東京農業大学第一高等学校中等部
(2月1日 午後)
㉕東京農業大学第一高等学校中等部
(2月2日 午後)

神奈川県

①[県立]
相模原中等教育学校
平塚中等教育学校

②[市立]南高等学校附属中学校

③[市立]横浜サイエンスフロンティア高等学校附属中学校

④[市立]川崎高等学校附属中学校

✿⑤聖光学院中学校

✿⑥浅野中学校

⑦洗足学園中学校

⑧法政大学第二中学校

⑨逗子開成中学校(1次)

⑩逗子開成中学校(2·3次)

⑪神奈川大学附属中学校(第1回)

⑫神奈川大学附属中学校(第2·3回)

⑬栄光学園中学校

⑭フェリス女学院中学校

新潟県

①[県立]
村上中等教育学校
柏崎翔洋中等教育学校
燕中等教育学校
津南中等教育学校
直江津中等教育学校
佐渡中等教育学校

②[市立]高志中等教育学校

③新潟第一中学校

④新潟明訓中学校

石川県

①[県立]金沢錦丘中学校

②星稜中学校

福井県

①[県立]高志中学校

山梨県

①山梨英和中学校

②山梨学院中学校

③駿台甲府中学校

長野県

①[県立]
屋代高等学校附属中学校
諏訪清陵高等学校附属中学校

②[市立]長野中学校

岐阜県

①岐阜東中学校

②鶯谷中学校

③岐阜聖徳学園大学附属中学校

静岡県

①[国立]静岡大学教育学部附属中学校(静岡·島田·浜松)

②
[県立]清水南高等学校中等部
[県立]浜松西高等学校中等部
[市立]沼津高等学校中等部

③不二聖心女子学院中学校

④日本大学三島中学校

⑤加藤学園暁秀中学校

⑥星陵中学校

⑦東海大学付属静岡翔洋高等学校中等部

⑧静岡サレジオ中学校

⑨静岡英和女学院中学校

⑩静岡雙葉中学校

⑪静岡聖光学院中学校

⑫静岡学園中学校

⑬静岡大成中学校

⑭城南静岡中学校

⑮静岡北中学校

⑯
常葉大学附属常葉中学校
常葉大学附属橘中学校
常葉大学附属菊川中学校

⑰藤枝明誠中学校

⑱浜松開誠館中学校

⑲静岡県西遠女子学園中学校

⑳浜松日体中学校

㉑浜松学芸中学校

愛知県

①[国立]愛知教育大学附属名古屋中学校

②愛知淑徳中学校

③
名古屋経済大学市邨中学校
名古屋経済大学高蔵中学校

④金城学院中学校

⑤椙山女学園中学校

⑥東海中学校

⑦南山中学校男子部

⑧南山中学校女子部

⑨聖霊中学校

⑩滝中学校

⑪名古屋中学校

⑫大成中学校

⑬愛知中学校

⑭星城中学校

⑮名古屋葵大学中学校
(名古屋女子大学中学校)

⑯愛知工業大学名電中学校

⑰海陽中等教育学校(特別給費生)

⑱海陽中等教育学校(I·II)

⑲中部大学春日丘中学校

新刊⑳名古屋国際中学校

三重県

①[国立]三重大学教育学部附属中学校

②暁中学校

③海星中学校

④四日市メリノール学院中学校

⑤高田中学校

⑥セントヨゼフ女子学園中学校

⑦三重中学校

⑧皇學館中学校

⑨鈴鹿中等教育学校

⑩津田学園中学校

滋賀県

①[国立]滋賀大学教育学部附属中学校

②[県立]
河瀬中学校
守山中学校
水口東中学校

京都府

①[国立]京都教育大学附属桃山中学校

②[府立]洛北高等学校附属中学校

③[府立]園部高等学校附属中学校

④[府立]福知山高等学校附属中学校

⑤[府立]南陽高等学校附属中学校

⑥[市立]西京高等学校附属中学校

⑦同志社中学校

⑧洛星中学校

⑨洛南高等学校附属中学校

⑩立命館中学校

⑪同志社国際中学校

⑫同志社女子中学校(前期日程)

⑬同志社女子中学校(後期日程)

大阪府

①[国立]大阪教育大学附属天王寺中学校

②[国立]大阪教育大学附属平野中学校

③[国立]大阪教育大学附属池田中学校

④[府立]富田林中学校
⑤[府立]咲くやこの花中学校
⑥[府立]水都国際中学校
⑦清風中学校
⑧高槻中学校（A日程）
⑨高槻中学校（B日程）
⑩明星中学校
⑪大阪女学院中学校
⑫大谷中学校
⑬四天王寺中学校
⑭帝塚山学院中学校
⑮大阪国際中学校
⑯大阪桐蔭中学校
⑰開明中学校
⑱関西大学第一中学校
⑲近畿大学附属中学校
⑳金蘭千里中学校
㉑金光八尾中学校
㉒清風南海中学校
㉓帝塚山学院泉ヶ丘中学校
㉔同志社香里中学校
㉕初芝立命館中学校
㉖関西大学中等部
㉗大阪星光学院中学校

兵庫県

①[国立]神戸大学附属中等教育学校
②[県立]兵庫県立大学附属中学校
③雲雀丘学園中学校
④関西学院中学部
⑤神戸女学院中学部
⑥甲陽学院中学校
⑦甲南中学校
⑧甲南女子中学校
⑨灘中学校
⑩親和中学校
⑪神戸海星女子学院中学校
⑫滝川中学校
⑬啓明学院中学校
⑭三田学園中学校
⑮淳心学院中学校
⑯仁川学院中学校
⑰六甲学院中学校
⑱須磨学園中学校(第1回入試)
⑲須磨学園中学校(第2回入試)
⑳須磨学園中学校(第3回入試)
㉑白陵中学校
㉒夙川中学校

奈良県

①[国立]奈良女子大学附属中等教育学校
②[国立]奈良教育大学附属中学校
③[県立]国際中学校
　　　　青翔中学校
④[市立]一条高等学校附属中学校
⑤帝塚山中学校
⑥東大寺学園中学校
⑦奈良学園中学校
⑧西大和学園中学校

和歌山県

①[県立]古佐田丘中学校
　　　　向陽中学校
　　　　桐蔭中学校
　　　　日高高等学校附属中学校
　　　　田辺中学校
②智辯学園和歌山中学校
③近畿大学附属和歌山中学校
④開智中学校

岡山県

①[県立]岡山操山中学校
②[県立]倉敷天城中学校
③[県立]岡山大安寺中等教育学校
④[県立]津山中学校
⑤岡山中学校
⑥清心中学校
⑦岡山白陵中学校
⑧金光学園中学校
⑨就実中学校
⑩岡山理科大学附属中学校
⑪山陽学園中学校

広島県

①[国立]広島大学附属中学校
②[国立]広島大学附属福山中学校
③[県立]広島中学校
④[県立]三次中学校
⑤[県立]広島叡智学園中学校
⑥[市立]広島中等教育学校
⑦[市立]福山中学校
⑧広島学院中学校
⑨広島女学院中学校
⑩修道中学校
⑪崇徳中学校
⑫比治山女子中学校
⑬福山暁の星女子中学校
⑭安田女子中学校
⑮広島なぎさ中学校
⑯広島城北中学校
⑰近畿大学附属広島中学校福山校
⑱盈進中学校
⑲如水館中学校
⑳ノートルダム清心中学校
㉑銀河学院中学校
㉒近畿大学附属広島中学校東広島校
㉓AICJ中学校
㉔広島国際学院中学校
㉕広島修道大学ひろしま協創中学校

山口県

①[県立]下関中等教育学校
　　　　高森みどり中学校
②野田学園中学校

徳島県

①[県立]富岡東中学校
　　　　川島中学校
　　　　城ノ内中等教育学校
②徳島文理中学校

香川県

①大手前丸亀中学校
②香川誠陵中学校

愛媛県

①[県立]今治東中等教育学校
　　　　松山西中等教育学校
②愛光中学校
③済美平成中等教育学校
④新田青雲中等教育学校

高知県

①[県立]安芸中学校
　　　　高知国際中学校
　　　　中村中学校

福岡県

- ①［国立］福岡教育大学附属中学校（福岡·小倉·久留米）
- ②［県立］
  - 育徳館中学校
  - 門司学園中学校
  - 宗像中学校
  - 嘉穂高等学校附属中学校
  - 輝翔館中等教育学校
- ③西南学院中学校
- ④上智福岡中学校
- ⑤福岡女学院中学校
- ⑥福岡雙葉中学校
- ⑦照曜館中学校
- ⑧筑紫女学園中学校
- ⑨敬愛中学校
- ⑩久留米大学附設中学校
- ⑪飯塚日新館中学校
- ⑫明治学園中学校
- ⑬小倉日新館中学校
- ⑭久留米信愛中学校
- ⑮中村学園女子中学校
- ⑯福岡大学附属大濠中学校
- ⑰筑陽学園中学校
- ⑱九州国際大学付属中学校
- ⑲博多女子中学校
- ⑳東福岡自彊館中学校
- ㉑八女学院中学校

佐賀県

- ①［県立］
  - 香楠中学校
  - 致遠館中学校
  - 唐津東中学校
  - 武雄青陵中学校
- ②弘学館中学校
- ③東明館中学校
- ④佐賀清和中学校
- ⑤成穎中学校
- ⑥早稲田佐賀中学校

長崎県

- ①［県立］
  - 長崎東中学校
  - 佐世保北中学校
  - 諫早高等学校附属中学校
- ②青雲中学校
- ③長崎南山中学校
- ④長崎日本大学中学校
- ⑤海星中学校

熊本県

- ①［県立］
  - 玉名高等学校附属中学校
  - 宇土中学校
  - 八代中学校
- ②真和中学校
- ③九州学院中学校
- ④ルーテル学院中学校
- ⑤熊本信愛女学院中学校
- ⑥熊本マリスト学園中学校
- ⑦熊本学園大学付属中学校

大分県

- ①［県立］大分豊府中学校
- ②岩田中学校

宮崎県

- ①［県立］五ヶ瀬中等教育学校
- ②［県立］
  - 宮崎西高等学校附属中学校
  - 都城泉ヶ丘高等学校附属中学校
- ③宮崎日本大学中学校
- ④日向学院中学校
- ⑤宮崎第一中学校

鹿児島県

- ①［県立］楠隼中学校
- ②［市立］鹿児島玉龍中学校
- ③鹿児島修学館中学校
- ④ラ・サール中学校
- ⑤志學館中等部

沖縄県

- ①［県立］
  - 与勝緑が丘中学校
  - 開邦中学校
  - 球陽中学校
  - 名護高等学校附属桜中学校

もっと過去問シリーズ

北海道

北嶺中学校
7年分（算数・理科・社会）

静岡県

静岡大学教育学部附属中学校
（静岡·島田·浜松）
10年分（算数）

愛知県

愛知淑徳中学校
7年分（算数・理科・社会）
東海中学校
7年分（算数・理科・社会）
南山中学校男子部
7年分（算数・理科・社会）
南山中学校女子部
7年分（算数・理科・社会）
滝中学校
7年分（算数・理科・社会）
名古屋中学校
7年分（算数・理科・社会）

岡山県

岡山白陵中学校
7年分（算数・理科）

広島県

広島大学附属中学校
7年分（算数・理科・社会）
広島大学附属福山中学校
7年分（算数・理科・社会）
広島学院中学校
7年分（算数・理科・社会）
広島女学院中学校
7年分（算数・理科・社会）
修道中学校
7年分（算数・理科・社会）
ノートルダム清心中学校
7年分（算数・理科・社会）

愛媛県

愛光中学校
7年分（算数・理科・社会）

福岡県

福岡教育大学附属中学校
（福岡·小倉·久留米）
7年分（算数・理科・社会）
西南学院中学校
7年分（算数・理科・社会）
久留米大学附設中学校
7年分（算数・理科・社会）
福岡大学附属大濠中学校
7年分（算数・理科・社会）

佐賀県

早稲田佐賀中学校
7年分（算数・理科・社会）

長崎県

青雲中学校
7年分（算数・理科・社会）

鹿児島県

ラ·サール中学校
7年分（算数・理科・社会）

※もっと過去問シリーズは国語の収録はありません。

教英出版
〒422-8054
静岡県静岡市駿河区南安倍3丁目12−28
TEL 054-288-2131
FAX 054-288-2133
詳しくは教英出版で検索
教英出版 検索
URL https://kyoei-syuppan.net/

令和６年度

中学　奨学生・専願生

国　語

受験上の注意

1　試験問題は、２ページから17ページまであります。
　試験時間は60分です。

2　字数指定のある問題は、句読点とかぎかっこは一字に数えます。

3　解答はすべて別紙の解答用紙に記入しなさい。

4　開始の合図と同時に、解答用紙に受験番号を記入しなさい。

5　試験が終了したら、机の上に解答用紙を広げたままで待機しなさい。

真和中学校

2024(R6) 真和中
教英出版

一　次の【資料】を読んで、後の問いに答えなさい。

【資料】

水素エネルギーとは？

水素ってなんだろう

水素は、地球上で一番軽い気体です。私たちの周囲の空気と比べると、14分の1の軽さなのです。また、無色・無臭《むしゅう》で、味もしません。①水素は気体で存在しますが、－253℃まで冷やすと、液体になります。さらに、様々な資源に含《ふく》まれているため、②地球上にたくさんあります。

水素という新しいエネルギー

水素エネルギーは、大きく3つの特徴《とくちょう》を持っています。1つ目は、エネルギーをつかう際に二酸化炭素ではなく水を出すこと。2つ目は、地球上の様々な資源からつくることができること。3つ目は、エネルギーを水素に変えてためることができること。この3つが、③今までのエネルギー問題の解決につながる重要なポイントです。

水素からエネルギーをつくる

水素と酸素を反応させると［　　　　　　］が発生します。その電気は、エネルギーとして利用できます。

水素は、家庭用燃料電池等を通して各家庭でエネルギーとしてつかわれたり、燃料電池自動車をはじめとした、乗り物を動かすためのエネルギーとしてつかわれたりしていきます。

将来的には、水素エネルギーが暮らしの様々な場面で安心・安全に活用されることが目標となっています。

【図1】

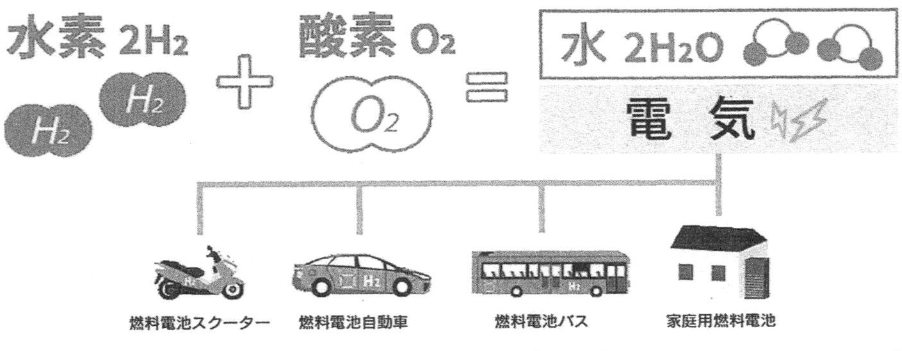

（水素情報館　東京スイソミル　ホームページ）

問一　波線部「水素エネルギーとは」を正しく解答らんに書き写しなさい。

問二　――線部①「水素は気体で……液体になります」について、この文が表す内容と次の文が表す内容は同じですか、それとも異なりますか。「同じ」なら○を、「異なる」なら×を解答らんに書きなさい。

水素を冷やしていっても、マイナス２５３度になるまでは気体のままである。

問三　――線部②「地球上にたくさんあります」について、この文の内容から考えて、次の文中の（　　）にあてはまる最も適切なものを後の**ア**～**エ**から一つ選び、記号で答えなさい。

地球上にたくさんあるのは（　　　　）である。

ア　水素　　**イ**　私たちの周囲の空気　　**ウ**　液体　　**エ**　様々な資源

問四　――線部③「今までのエネルギー問題の解決につながる重要なポイント」に含まれるものを次の**ア**～**エ**から一つ選び、記号で答えなさい。

ア　水素は地球上の気体では一番軽いこと。

イ　水素は地球上の様々な資源の一つと考えられること。

ウ　水素を液体にするには冷やせばいいこと。

エ　水素はエネルギーをつかうときに二酸化炭素を出さないこと。

問五　文中の空らん［　　］に当てはまる言葉を、**【図1】**を参考にして五字以内で書きなさい。

問六　**【資料】**と**【図1】**の内容から考えて正しいものを次の**ア**～**エ**から一つ選び、記号で答えなさい。

ア　水素は地球上の気体の中で14番目の重さである。

イ　気体の水素は味もしないし色もにおいもない。

ウ　水素の家庭用燃料電池は自動車でも使われている。

エ　以前から水素エネルギーは安心・安全に使われている。

問七　かおるさんは、エネルギー問題について調べる中で、自動車のCO_2（二酸化炭素）排出量《はいしゅつりょう》について調べました。**【図2】**で表されている内容と合っているものを次の**ア**～**エ**から一つ選び、記号で答えなさい。

なお、ここでいう「自動車全体」とは、「自家用自動車・営業用貨物車・自家用貨物車」のことを、「貨物自動車」とは、「営業用貨物車・自家用貨物車」のことを指しています。

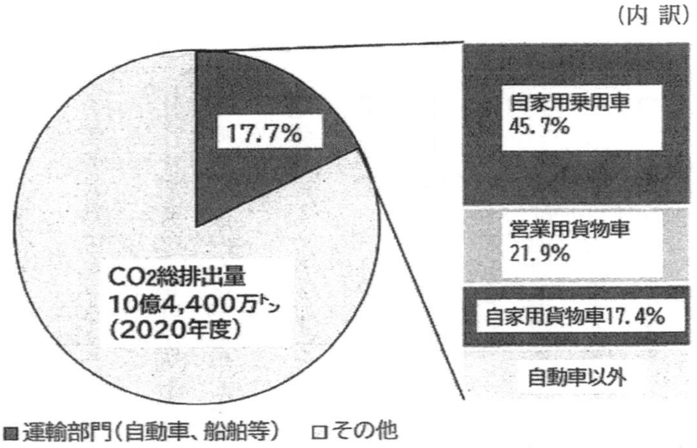

【図2】我が国の各部門におけるCO_2排出量と運輸部門のCO_2排出量

（国土交通省ホームページを参考に作成）

ア　日本におけるCO_2総排出量のうち、自動車をふくむ運輸部門からの排出が約46%を占《し》めている。

イ　自動車全体（自家用自動車・営業用貨物車・自家用貨物車）で日本におけるCO_2総排出量の約15%を占めている。

ウ　貨物自動車（営業用貨物車・自家用貨物車）は日本におけるCO_2総排出量の約39%を占めている。

エ　日本におけるCO_2総排出量のうち、自動車以外の船舶《せんぱく》等の占める割合は約82%である。

問八　次にかおるさんは、環境に優しいいろいろな自動車について調べ、次の**【表】**を見つけました。問いに答えなさい。

問　かおるさんはこの表を見て、将来新しい自動車を買うとしたら、**「電気自動車」より「燃料電池自動車」の方を選ぼうと思いました。**その**理由**について、かおるさんになったつもりで、次の〈条件〉にしたがって書きなさい。

〈条件〉

①解答らんに合わせて、**「私は電気自動車より燃料電池自動車を選ぼうと思う。なぜなら」**に続くように六十字以上、八十字以内で書くこと。

②選んだ理由について、**【表】**の中にある燃料電池自動車・電気自動車の長所・短所の内容に二つ以上ふれたうえで書くこと。

③「だ・である」体で書き、原稿《げんこう》用紙の正しい使い方にしたがうこと。途中《とちゅう》での改行はしないこと。

【語注】

航続《こうぞく》距離…一回の充電で走行できる距離。

充てん…ここでは水素をタンクに満たすこと。

コスト…費用。

インフラコスト…ここでは水素をタンクに満たす施設・設備などを整備するための費用のこと。

【表】電気自動車と燃料電池自動車の比較

	①電気自動車（EV）	②燃料電池自動車（FCV）
構造	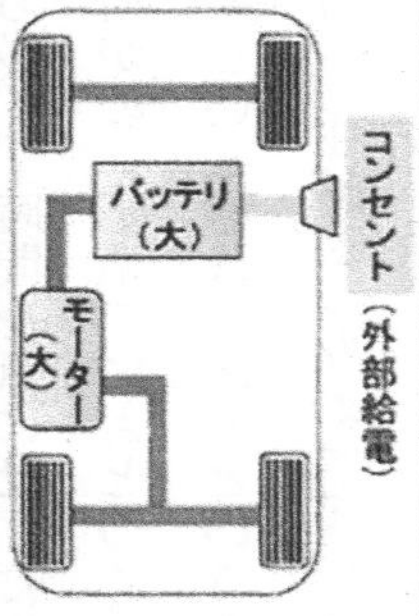	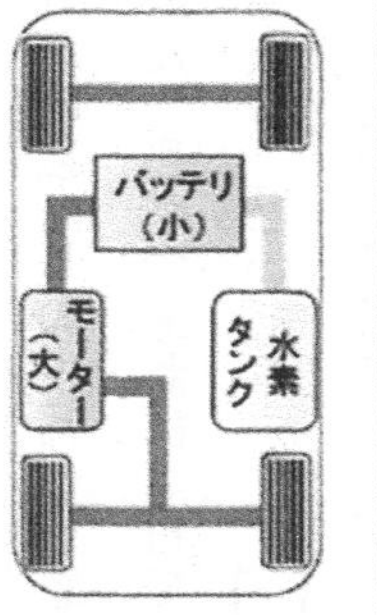
長所	・走行時にCO2が排出されない	・走行時にCO2が排出されない ・航続距離が長い ・充てん時間が短い
短所	・コストが高い ・航続距離が短い ・充電時間が長い ・電池製造時にCO2が排出される	・EV以上にコストが高い ・充てんインフラコストが高い

（資源エネルギー庁ホームページの表の一部を抜粋《ばっすい》）

二　次の文章を読んで、あとの問いに答えなさい。

私たちはいつも、時間というものを意識しています。生活においては食事や出勤《しゅっきん》など、何時にその行為を行うかが決まっている物事も多く、時間を気にせずに1日を終えるようなことは、現代においては少ないのではないでしょうか。このような時間は、何かの「基準」にもとづく、（注1）物理量としての時間といえます。

一方で、楽しいときは、あっという間に過ぎるように感じ、苦しいときはなかなか終わらないように感じるなど、時間という感覚には（注2）主観もかかわっています。年齢《ねんれい》を重ねるほど、時が経つのが早く感じる、ということも誰《だれ》もが経験することでしょう。

時間はこれだけ私たちの生活とも感覚とも密接《みっせつ》にかかわっていますが、そもそも、人間の感覚器には、時間に関するものは存在しません。長さであれば、目で見てわかります。手の大きさなどで比較《ひかく》することもできます。暑さや寒さ、圧力なども皮膚《ひふ》で感じ取ることができます。［a］、時間については時計によってしか計ることができないのです。

一方で、長さや温度などに比べて、時間は最も精密《せいみつ》に計測できる物理量でもあります。①時間とはこのように不思議な（注3）概念《がいねん》であり、物理量ということができます。

時間というものについては、これまで古今東西の哲学《てつがく》者、科学者たち、たとえばアリストテレス、ガリレオ、ニュートン、カント、アインシュタインなど、［A］人たちが考えてきました。ではその正体は何かといっても、やはり実体がない「概念」なので、言葉で表現することは難しいでしょう。

時間とは何かをあえていうならば、「変化」に必然的に（注4）付随《ふずい》する概念、ということができると思います。たとえば、砂時計で流れ落ちていく砂を見れば、時間が流れていること自体は認識《にんしき》できます。でも、感覚器をもっていないので、私たちには「どれくらい」という認識はできず、砂が完全に流れ落ちて初めて区切りができて、3分なり5分なりという決まった時間を認識できることになります。そして、砂が落ちきった砂時計は変化しないので、そこからは何の「情報」も取り出すことができません。

1日という単位も、連続的に流れていく時間に1日という時間で区切りをつけているわけです。このときの区切る基準は天体や季節の「周期的変化」です。それをもとに日、月、年という時間で区切って、私たちは②時間単位を認識しているということになります。

人間はそのように連続的に流れる時間に、何らかの区切りをつけてきました。その区切りが「単位」というものです。日常生活でも季節ごとに行事が置かれていますが、それも流れに区切りをつけている良い例だと思います。

この後は、あまり哲学的議論には深入りせずに、時間の素朴《そぼく》なイメージをつかむために歴史をふり返ることにしましょう。

人類最初の時計というのは、「暦《こよみ》」といわれるものです。分かり㋐ヤスく言うとカレンダーであり、これは1日を単位とする一覧《いちらん》式のデジタル時計といえます。暦とは、太陽や月の動きを基準に時間の流れを測り、(注5)体系づけていくこと。太陽と月が基本中の基本で、何千年もの間、人間にとっては、これが時計代わりでした。

太陽と月、二つの天体の動きを基本にするということは、[B]ということでもあります。要するに、観察対象が一つでは時間を計るのに㋑ツゴウがよくないわけですね。つまり、このように時間を計るにあたっては、最小公倍数の考え方がもとにあるということになります。素数の考え方、といってもよいでしょう。暦の誕生は、同時に、数学の㋒メバえでもあったのです。

また、暦は日食をはじめとする天体現象の「予言」にも必要でした。昔、③暦をつくることは、天文学ではありますが「(注6)占星術《せんせいじゅつ》」であり、政治ともほとんど直結していたといえます。古代の為政者《いせいしゃ》(王)は、そのような天の変化、[b]〝天変〟などを全て把握《はあく》して予言し、それを民衆に知らせることによって(注7)権威《けんい》を保っていたようなところがあるのです。たとえば中国では、皇帝は「時をも支配する存在」とされていました。この表現などは、暦を司《つかさど》ることと権力の関係を非常によく表しているといえるでしょう。

暦を把握しておくことには、現実的な理由もありました。農業にとって、いつ梅雨に入り、いつ台風が来るのか、それによっていつ川の氾濫《はんらん》があるのかということは、その年の収穫《しゅうかく》量を左右する非常に重要な情報であるからです。民を養っていくという意味においても、暦を知ることは非常に大切なものだったわけです。だから天文学と政治は、古代においてはほとんど一体となっていました。

「時計」は暦からスタートし、その「時計」を見ながら生活に応用していたわけですが、太陽の動きを時間（注8）観念の基本におくのは、おそらく人間だけではなく、他の動物もそうでしょう。夜行性の動物もいますし、そこに周期があることを認識していることがわかります。とにかく、太陽の動きが一番わかりやすいのです。道具が何もなくても、太陽を見れば、朝・昼・夕方・晩、ということがわかりますから。

とはいえ、この段階では、１日の長さや季節の移《うつ》ろいはわかっても、現在、私たちが普通に認識している「１分」「１秒」という細かい時間の概念はありません。そもそも当時の人々としては、「太陽が出たら起きて働いて、日が沈む前にかえって寝る」といったような大雑把《おおざっぱ》な概念しか必要でなかったはずです。それが、ある時点から「１日」として区分されるようになりました。

最初の人工的な機器としての時計は、紀元前３０００年頃のエジプトでつくられた日時計です（起源はそれ以前のバビロニアにあるといわれています）。日時計は、太陽の動きに従《したが》って時計の部品の影が動いていくことを利用し、影の届く位置に目盛《めもり》を入れて、１日を分けていったものです。この時代の感覚では、少なくとも今の時間の２時間程度に区分しておけば十分でした。しかし、人間には正確な時計がほしいという欲求が尽《つ》きることなく存在し、その欲求ゆえに、時計は現在まで進化し続けてきたのです。

（安田正美『一秒って誰が決めるの？　日時計から光格子時計まで』ちくまプリマー新書）

【語注】

注１　物理量…数値で表すことのできるものの分量や大きさ、長さのこと。

注２　主観…自分だけの見方や考え方、感じ方のこと。

注３　概念…「…とは何か」ということについての一般的な意味内容。おおまかな知識や理解のこと。

注４　付随…おもなものごとにともなって起こること。

注5　体系づける…一つの決まった考え方によってものごとを整理してまとめること。
注6　占星術…星・月・太陽などの動きを見て、国家の将来や人間の運命を占《うらな》う術。
注7　権威…だれもがみとめるすぐれた価値を持っていることによって他をしたがわせる力のこと。
注8　観念…ある物事に対する考え。

問一　===線部㋐～㋒のカタカナをそれぞれ漢字で書きなさい。

問二　空らん［A］に入る言葉を次の**ア**～**エ**から一つ選び、記号で答えなさい。

ア　ようようたる　**イ**　ひょうひょうたる　**ウ**　どうどうたる　**エ**　そうそうたる

問三　空らん［a］、［b］に入る言葉を次の**ア**～**エ**からそれぞれ一つ選び、記号で答えなさい。

ア　また　**イ**　ところで　**ウ**　しかし　**エ**　すなわち

問四　――線部①「時間とはこのように不思議な概念であり、物理量ということができます」とあるが、どのような点が「不思議」なのかを説明した、次の文の空らんにあてはまる言葉を［Ⅰ］・［Ⅱ］は本文中から書き抜いて答えなさい。また、［Ⅲ］は十字以内で、［Ⅳ］は十五字以内で本文中の言葉を使って答えなさい。

時間は何かの「基準」にもとづく、［Ⅰ］であるにもかかわらず、［Ⅱ］よってその感じ方がちがう点や、人間には［Ⅲ］がないにもかかわらず、［Ⅳ］点。

問五　――線部②「時間単位」とはどのようなものか。文中の言葉を使って、四十字以内で説明しなさい。

問六　空らん［B］に入る言葉を、次の**ア**～**エ**から一つ選び、記号で答えなさい。

ア　異なる周期を持つ現象を統合する　**イ**　異なる周期を持つ現象を組み合わせる
ウ　同じ周期を持つ現象を統合する　**エ**　同じ周期を持つ現象を組み合わせる

問七　――線部③「暦をつくることは、天文学ではありますが『占星術』であり、政治ともほとんど直結していた」について、次の問いに答えなさい。

(i)「暦をつくることは、天文学ではありますが『占星術』であり」とはどういうことですか。三十字以内で説明しなさい。

(ii)「暦をつくること」が「政治ともほとんど直結していた」といえる理由を、五十五字以内で説明しなさい。

問八　本文の内容と合っているものを次の**ア**～**エ**から一つ選び、記号で答えなさい。

ア　時間とは「変化」にともなって認識できる概念であり、時計によってしか計ることができない。

イ　古来から哲学者、科学者たちが時間について考えた結果、現在ではその実体が明らかになった。

ウ　「日時計」は太陽の動きによってできる影を利用して歴史上人類が初めて作った時計である。

エ　「暦」は時間を計るために、太陽と月の動きを基本に人類が最初に作った人工的な計測機器である。

2024(R6) 真和中
K 教英出版

2024(R6) 真和中
K 教英出版

図1の容器に，最初は毎分250㎤，（イ）の時間の後は毎分 （エ） ㎤ の割合で水を入れたところ，水を入れ始めてからの時間と容器に入った水面の高さを表すグラフが，図3のように一直線になりました。

(4)　（エ） に入る数値は何ですか。

図3

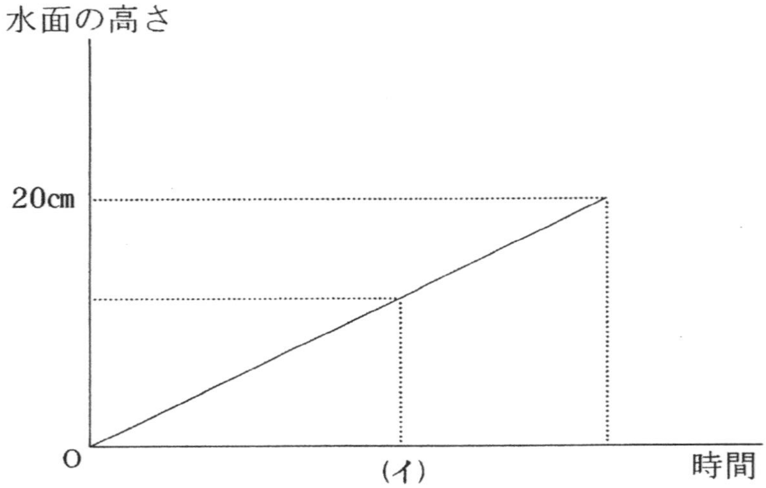

B

3　図１のような，２つの直方体を組み合わせたような形の容器があります。この容器に，毎分 250㎤ の割合で水を入れたところ，水を入れ始めてからの時間と容器に入った水面の高さの関係を表すグラフが，図２のようになりました。なお，図１の容器の容積は，8400㎤ で，容器の厚みは考えないものとします。

次の各問いに答えなさい。

図１

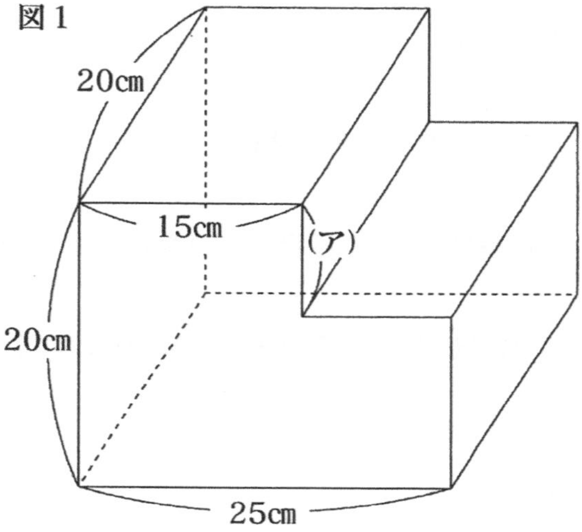

図２

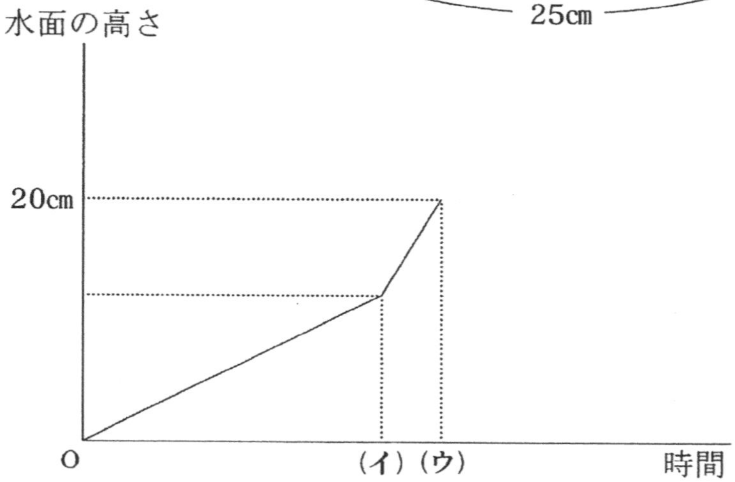

(1)　図１の（ア）の長さは何 cm ですか。

(2)　図２の（イ）の時間は何分何秒ですか。

(3)　図２の（ウ）の時間は何分何秒ですか。

B

2 aは1以上の整数で，bは1以上a以下の整数のとき，［a，b］を$\dfrac{b}{a}$とします。

たとえば，[4, 3］は$\dfrac{3}{4}$となります。

ある決まりにしたがって，［a，b］が左から順番に

［1, 1］，［2, 1］，［2, 2］，［3, 1］，［3, 2］，［3, 3］，［4, 1］，［4, 2］，…

と並んでいます。たとえば，［1, 1］は1番目，［3, 2］は5番目となります。

次の各問いに答えなさい。

(1) ［7，2］は何番目ですか。

(2) 20番目から30番目までの数の和はいくつになりますか。

(3) 1番目から108番目までの数の和はいくつになりますか。

2024(R6) 真和中
K 教英出版

(3) 文中の〔 A 〕に当てはまるものを，次の**ア**～**エ**から１つ選び，記号で答えなさい。

ア 鉄，アルミニウムの両方とも，磁石についた

イ 鉄は磁石についたが，アルミニウムは磁石につかなかった

ウ 鉄は磁石につかなかったが，アルミニウムは磁石についた

エ 鉄，アルミニウムの両方とも，磁石につかなかった

(4) 文中の〔 B 〕，〔 C 〕に当てはまるものを，次の**ア**～**エ**からそれぞれ１つずつ選び，記号で答えなさい。

ア 鉄，アルミニウムの両方とも，あわを出してとけた

イ 鉄はあわを出してとけたが，アルミニウムは変化しなかった

ウ 鉄は変化しなかったが，アルミニウムはあわを出してとけた

エ 鉄，アルミニウムの両方とも，変化しなかった

問２ **表**の（ ① ），（ ② ）に当てはまる数値を答えなさい。

問３ **表**の結果をグラフで表しなさい。ただし，縦軸《たてじく》，横軸《よこじく》ともに１マスあたりの大きさを１ｇとしてグラフを作るとともに，解答欄《らん》の指示に合うようにグラフを作ること。

問４ 4.4ｇの銅の粉末を燃やしていましたが，途中《とちゅう》で燃やすのをやめてしまいました。この時，燃やした後の固体の重さをはかると，5.0ｇでした。この固体5.0ｇの中には，銅の粉末が何％入っていますか。小数第１位を四捨五入して，整数で答えなさい。

問５ 銅の粉末の中に砂糖が混ざった固体が100ｇあります。この固体を10.0ｇとり，**ある操作**を行って銅の粉末のみを取り出しました。**ある操作**で取り出した銅の粉末を十分な時間をかけて燃やしたところ，燃やした後の重さは8.5ｇになりました。次の問いに答えなさい。

(1) **ある操作**を簡単に説明しなさい。ただし，どのような操作を行い，どのように銅の粉末を取り出すことができるかが分かるように説明しなさい。

(2) 銅の粉末の中に砂糖が混ざった固体100ｇの中には砂糖が何ｇ入っているか，答えなさい。

3 次の文章を読み，以下の問いに答えなさい。割り切れないときは，小数第２位を四捨五入し，小数第１位まで求めなさい。また，円周率を3.14として計算しなさい。

ＡさんとＢさんの学校帰りでの会話です。

Ａ：今日の体育は，50ｍ走だったね。

Ｂ：去年よりタイムが良くなったよ。

Ａ：何秒だったの？

Ｂ：私は7.2秒だったよ。

Ａ：Ｂさん，走るの速いね。Ｂさんの走る速さは，毎秒（　**ア**　）ｍで，時速だと毎時（　**イ**　）㎞だね！

Ｂ：時速にすると，とても速く感じるね。そういえば，ＴＶ番組で電車と人が競争する企画《きかく》をやっていたよ。①人が走って電車より早くゴールに着いてびっくりしたんだ！

Ａ：電車は，出発する時と停車する時はゆっくり走るから，最高速が人より速くても距離《きょり》によっては人の方が早く着くんだね。

Ｂ：人が走る速さは思った以上に速いんだね。そういえば，この前の休みに，家族でドライブに行った時に，阿蘇《あそ》の近くの西原村で風力発電の風車を見たんだ。近くで風車を見ると，羽根の先端《せんたん》はとても速く動いていたんだ。

Ａ：風車の羽根の先端ってそんなに速いんだ？どのくらいの速さかな？

Ｂ：親に風車のことを聞いたら，風力発電の風車は３枚の羽根があり，羽根の長さは中心から先端まで30ｍだって。この羽根が１周回転する時間を測ったら３秒だったよ。

Ａ：なるほど。この羽根の先端は１周（　**ウ**　）ｍの円周上を動くよね。

Ｂ：ということは，先端の速さは毎秒（　**エ**　）ｍで，時速にすると毎時（　**オ**　）㎞の速さで動くことになるね。

Ａ：ゆっくり動いているように見えたけど，とても速いんだ！

Ｂ：そうなんだよ。とても速いから，野鳥が羽根に当たる事故が起きることがあるんだって，親が言ってたよ。

Ａ：鳥がよけれないほど，速いんだね。

Ｂ：速さといえば，光の速さは秒速30万㎞で，音の速さはおおよそ秒速332ｍだよね。この前の夜，雷《かみなり》が鳴ったとき，親から雷が光ってから雷の音が聞こえるまでの時間を測定すると，②雷の落ちた場所から自分のいる場所までの距離が分かるって聞いたよ。

A：そうそう！私もよく光ってから音が聞こえるまでの時間を数えるよ。

B：今度，数えてみよう。ところで，今から何して遊ぶ？

A：そうだね。何か,速さを競う勝負をしよう。でも,Bさんは走るのが速いからかけっこはいやだなー。

B：それなら歩く速さを勝負しようよ！

A：いいよ。ここから③2km離《はな》れた公園を折り返す往復で勝負しよう！

問1　会話文中の（　**ア**　）～（　**オ**　）にあてはまる数字を答えなさい。

問2　下線部①について，電車と人が同時にスタートして，ゴールまでどちらが先にゴールに着くかを競います。電車は停車した状態から出発し徐々《じょじょ》に速くなり，最高速は時速45kmになり,ゴールに向かって減速していき停車します。人はスタートからゴールまで秒速10 mで走り続けます。人と電車がゴールに同時に着くには，スタートとゴールの距離は何km離れていればいいでしょうか。ただし，下の**表**は電車が出発してから最高速に達するまで，および，最高速から停車するまでに進む距離とかかる時間を表しています。

表

電　車	進む距離	かかる時間
出発から最高速	2 km	4 分
最高速から停車	4 km	8 分

問3　下線部②について，光を見てから音が聞こえるまでの時間がおおよそ4秒だった時，**雷の落ちた場所から自分のいる場所まで**の距離は何km離れているか答えなさい。

問4　下線部③についてAさんとBさんが同時に出発し，今いる場所から2km離れたところにある公園へ向かいました。Aさんは分速35 m，Bさんは分速65 mで歩き，公園に着いたらすぐにこの場所に引き返します。AさんとBさんがすれ違《ちが》うのは，出発してから何分後か，答えなさい。また，すれ違う場所は公園から何km離れているか答えなさい。ただし，学校から公園までの道はまっすぐな道です。

問５　Ｃさんは峠《とうげ》を挟《はさ》んでＰ町，ＤさんはＱ町に家があります。Ｃさんは峠を越《こ》えてＰ町からＱ町へ，ＤさんはＱ町からＰ町へ行きます。Ｃさんは家を出発し峠の頂上で30分休憩《きゅうけい》をしてＱ町へ，ＤさんはＣさんが出発した１時間後に家を出発し峠の頂上で30分休憩をしてＰ町へ行き，ＤさんはＣさんがＱ町に着く前にＰ町に着きました。ＣさんとＤさんは，上り坂でも下り坂でも同じ速さで歩き，上り坂では下り坂の0.75倍の速さで歩きます。右のグラフは，Ｃさんが出発してからの時間とＣさんとＤさんの間の距離を表しています。このとき，次の問いに答えなさい。ただし，Ｃさんの家とＤさんの家を結ぶ道はまっすぐな道です。峠はＰ町とＱ町の中点にあるとは限らない。

(1)　グラフの区間①②③④⑤はＣさんとＤさんはどのような状態か。下の**ア**～**ク**からそれぞれ１つ選び，記号で答えなさい。

ア　Ｃさんのみが登っている。
イ　Ｃさんのみが下っている。
ウ　Ｄさんのみが登っている。
エ　Ｄさんのみが下っている。
オ　ＣさんとＤさんが登っている。
カ　ＣさんとＤさんが下っている。
キ　Ｃさんが登り，Ｄさんが下っている。
ク　Ｃさんが下り，Ｄさんが登っている。

(2)　グラフの（　**ア**　）～（　**ウ**　）にあてはまる数字を答えなさい。

(3)　ＣさんとＤさんの上り道を歩く速さの比を，最も簡単な整数の比で答えなさい。

(4)　Ｃさんの家から峠，Ｄさんの家から峠までの距離の比を，最も簡単な整数の比で答えなさい。

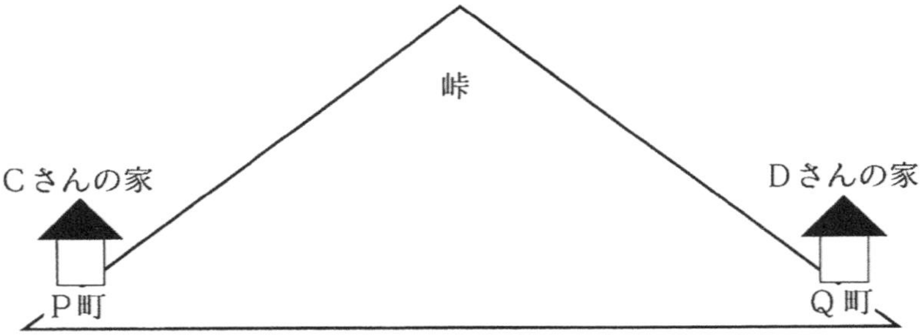
峠
Cさんの家
Dさんの家
P町
Q町

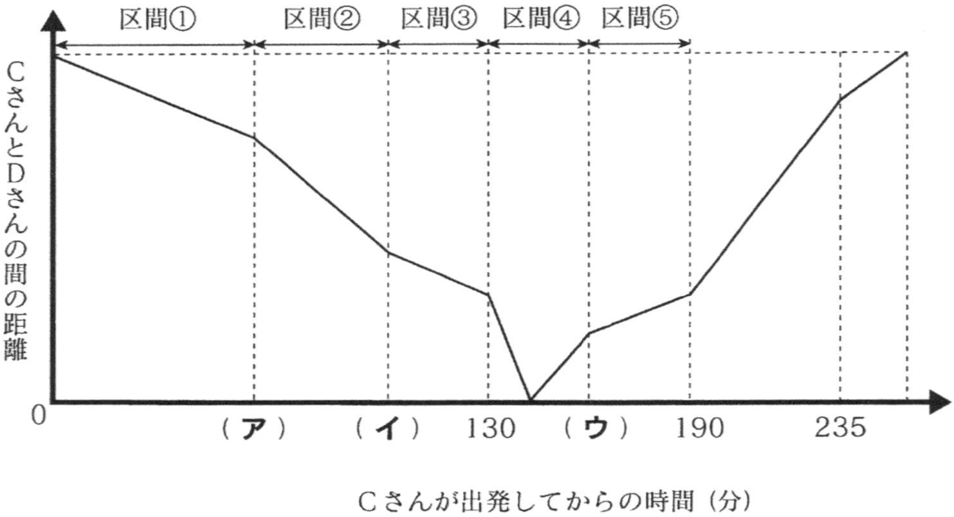
区間①
区間②
区間③
区間④
区間⑤
CさんとDさんの間の距離
0
（ア）
（イ）
130
（ウ）
190
235
Cさんが出発してからの時間（分）

2024(R6) 真和中
K 教英出版

2024(R6) 真和中
K 教英出版

問６　下線部⑤の出来事について述べた、次の**Ａ～Ｄ**の各文中の［　　］にあてはまる語句を**漢字**で答えなさい。また、**Ａ～Ｄを時代の古い順**に、**その記号を左から右へ**並びかえなさい。

Ａ　６度めの航海で日本にたどり着いた鑑真は、［　　］寺を開いて仏教の発展に大きな役割を果たしただけでなく、薬草の知識も広めました。
Ｂ　聖徳太子は国づくりのよりどころとして仏教を重んじ、［　　］寺を建てたり、仏像を作ったりしました。
Ｃ　菅原道真が中国のおとろえと航海の危険を述べたことで、［　　］使の派遣が停止されました。それから７年後、菅原道真は藤原氏にはかられて大宰府へ追放されました。
Ｄ　天皇中心の政治を実現するため、中大兄皇子らは［　　］氏をたおし、帰国した留学生・留学僧らとともに、新しい政治を進めました。

13世紀、モンゴル人はアジアからヨーロッパにまたがる大帝国を築きました。都を現在のペキンにあたる［ 5 ］に移し、元という国をつくって中国を支配し、朝鮮半島の［ 6 ］を従えました。そして、日本も従えようと使者を送ってきました。執権の［ 7 ］がこの要求をこばむと、⑥元は２度にわたって九州北部に攻めてきました。

問７　［ 5 ］・［ 6 ］にあてはまる語句の組合せとして正しいものを、次の**ア～エ**から１つ選び、**その記号**で答えなさい。

ア　［ 5 ］：長安　　［ 6 ］：新羅
イ　［ 5 ］：長安　　［ 6 ］：高麗
ウ　［ 5 ］：大都　　［ 6 ］：新羅
エ　［ 5 ］：大都　　［ 6 ］：高麗

問８　［ 7 ］にあてはまる語句を答えなさい。

問９　下線部⑥について、下の**Ⅰ**～**Ⅳ**はいずれも『蒙古襲来絵詞』の一部です。これに関して述べた、次の文中の［ 8 ］～［ 10 ］にあてはまる語句を、それぞれ**漢字２文字**で答えなさい。

「Ⅰでは、［ 8 ］国（現在の熊本県）の御家人の竹崎季長が、［ 9 ］を爆発させる「てつはう」が投げられ、馬が矢で射られながらも勇ましく戦っています。しかし、この戦いで恩賞が得られなかったことで、鎌倉まで行って幕府に直接うったえる場面がⅡに描かれています。その結果、恩賞として［ 8 ］国海東《かいとう》郷（現在の熊本県宇城市海東地区）の領地を与えられました。Ⅲでは、２度目の戦いのとき『蒙古軍の船に攻撃をかけます。』などと言いながら、［ 10 ］（守りを固めるための石垣）に陣をかまえる武士たちの前を馬に乗って通り過ぎる姿が描かれています。そして、Ⅳでは、元軍の船に乗り移り戦う様子が描かれています。」

Ⅰ

Ⅱ

Ⅲ

Ⅳ

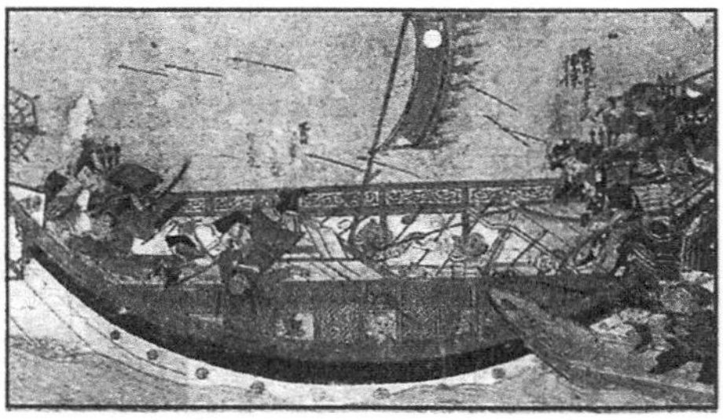

15世紀から16世紀にかけ、⑦スペインとポルトガルはキリスト教の布教と、海外貿易の拡大をめざしてアジアやアメリカ大陸に進出していました。そして、戦国大名が戦いをくり広げていた日本にも来航して、ヨーロッパの進んだ文化や品物をもたらしました。

⑧国内統一をはたした豊臣秀吉は、中国を征服しようと、2度にわたって朝鮮に大軍を送りました。その際、朝鮮から日本にわたった人々を通して、高い技術が日本に伝えられました。陶器の技術もその一つで、佐賀県の［11］焼をはじめとして各地ですぐれた焼物の生産が始まり、現在まで受けつがれています。

江戸幕府の初めには、大名や商人に海外にわたる許可状をあたえ、多くの貿易船が東南アジアなどに向かい、⑨各地に日本町がつくられました。しかし、キリスト教の信者が増えてくると、信者を取りしまるとともに、宣教師や貿易船の出入りを制限し、海外からの日本人の帰国も禁止しました。

問10　［11］にあてはまる語句を**漢字**で答えなさい。

問11　下線部⑦に関連して、次の（1）～（3）に答えなさい。

（1）　1492年、スペインの支援を得て、大西洋を横断しアメリカ大陸の発見につながった探検家を答えなさい。

（2）　1582年、キリスト教の位が最も高い教皇《きょうこう》に会うため、4人の日本人少年が乗ったポルトガル船が長崎を出港しました。教皇がいた都市名を答えなさい。

（3）　スペイン人やポルトガル人が長崎や平戸で行った貿易を何といいますか。**漢字**で答えなさい。

問12　下線部⑧に関連して、秀吉は京都・大坂の他に貿易で栄えた堺・長崎などの都市や主要な鉱山も直接支配して、多くの利益を得ていました。戦国時代から江戸時代の前期にかけて最盛期を迎えた島根県にあった銀山（2007年に世界遺産に登録）を**漢字**で答えなさい。

問13　下線部⑨について、下の地図中の**X島**は、当時、スペインの植民地でした。この島を、次の**ア～エ**から選び、**その記号**で答えなさい。（**●は日本町のあったところ**）

ア　ボルネオ　　**イ**　ルソン　　**ウ**　シャム　　**エ**　スマトラ

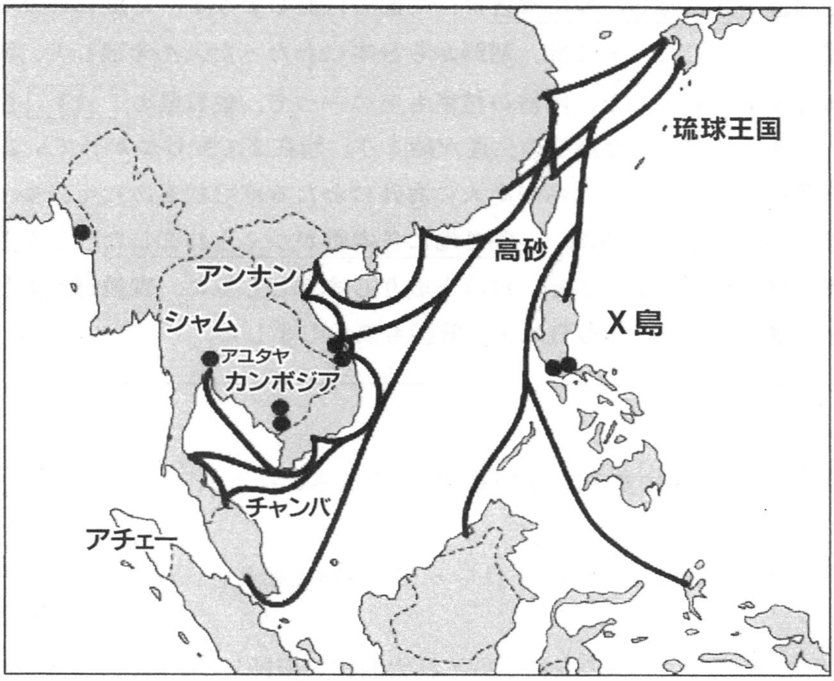

1853年、アメリカ合衆国の使節ペリーが、⑩日本の開国を求める大統領からの手紙を持ち、４せきの軍艦を率いて浦賀沖に現れました。ペリーの強い態度におされた幕府は、翌1854年、日米和親条約を結んで、国交を開きました。さらに1858年には日米修好通商条約を結び、⑪横浜や長崎などで貿易を認めました。こうして約200年続いた鎖国の状態は終わりました。

明治時代になると、西洋の制度や技術・文化を取り入れようとする活発な動きは、人々の生活様式や考え方に大きな影響を与えました。こうした風潮は［　12　］としてもてはやされました。

問14　［　12　］にあてはまる語句を**漢字**で答えなさい。

問15　下線部⑩について、次は大統領の手紙の一部をわかりやすく書き改めたものです。これを読んで、あとの（1）・（2）に答えなさい。

「我が国の多くの船が毎年カリフォルニアから中国に向けて航海し、非常に多くの我が国民が日本近海で［ 13 ］を捕らえています。悪天候下には時として、そんな船が日本の海岸に漂着する事があります。そんな時には必ず、別船を派遣し帰国させるまで、我が国民が親切に待遇《たいぐう》され、その財産が保護されることを望んでいます。また、日本には豊富な［ 14 ］と食料があると理解しています。我が蒸気船は広い太平洋横断で大量の［ 14 ］を消費しますが、全てアメリカから持って行く事は不便です。我が蒸気船や帆船《はんせん》が日本に寄港し、［ 14 ］や水などの供給を許可されることを望みます。」

（1）［ 13 ］には、水中で生活する大型の哺乳《ほにゅう》類があてはまります。当時、アメリカではさまざまな産業分野で機械化が始まっていました。そのためこの生物の油が必要とされたのです。日本では縄文時代から食用として捕獲されていましたが、1970年前後から欧米を中心に捕獲反対運動が起こり、1987年に商業用捕獲が停止されました。しかし、2019（令和元）年より再開しています。この大型の哺乳類を答えなさい。

（2）［ 14 ］にあてはまる蒸気船の燃料を**漢字**で答えなさい。

問16　下線部⑪に関して、外国との貿易が始まると、国内の品物が不足するなどして物価が急に上がったりして、人々の生活は苦しくなり、不満が高まりました。このような中で、ある藩は下関に砲台をつくり、外国の船を攻撃しました。その結果、イギリスなどの４か国の軍隊が砲台を攻撃し上陸して砲台を占拠しました。（下図）この砲台をつくった藩を**漢字**で答えなさい。

4 次の図や文章を見て、あとの問いに答えなさい。

Ⅰ 三権分立の関係を示す図と矢印の内容を説明した文章を読み、あとの問いに答えなさい。

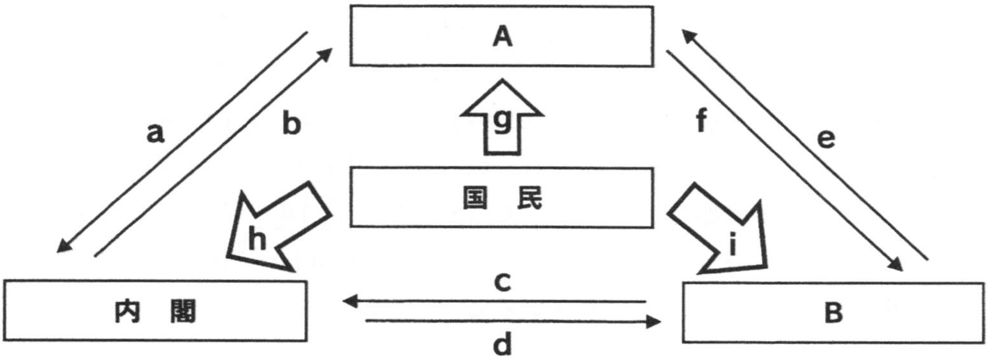

a：内閣を信任しないことを決議する・内閣総理大臣を [あ] する
b：Aの召集を決める・[い] 院を解散する
c：政治が憲法に違反していないかを調べる
d：最高裁判所長官を [あ] する
e：法律が憲法に違反していないかを調べる
f：裁判官の [う] 裁判を行う
g：[え]
h：世論
i：国民審査

問１ **A・B** が担う権利をそれぞれ**漢字２文字**で答えなさい。

問２ 図中の [あ] ～ [え] にあてはまる語句をそれぞれ**漢字２文字**で答えなさい。

問３ 内閣に属する省庁の説明として**適切でないもの**を、次の**ア～エ**から１つ選び、**その記号**で答えなさい。
ア 文部科学省は、教育や科学・文化・スポーツなどに関する仕事を行います。
イ 厚生労働省は、経済や産業に関する仕事を行います。
ウ 防衛省は、自衛隊を管理・運営する仕事を行います。
エ 国土交通省は、国土の整備や交通に関する仕事を行います。

問４　**i**の国民審査とは何ですか。簡単に説明しなさい。

Ⅱ　次の文章を読んで、あとの問いに答えなさい。

> インターネットを使うと、情報を受け取るだけではなく、メールなどを相手に送って質問したり、自分の情報を送ったりすることもできます。しかし、受け取る情報がすべて正しい情報であるとは限りません。また、情報を送る場合にも、相手の顔が見えないことなどから、思わぬ誤解を生むこともあります。情報を正しく活用するには、□を身につけることが大切です。

問５　文章中の□にあてはまる語句を**カタカナ**で答えなさい。

問６　情報の活用方法として適切なものを、次の**ア～エ**から１つ選び、**その記号**で答えなさい。

ア　友達だけのSNS上では、何を書いても心配ない。

イ　おすすめしたい漫画をコピーして友達に配った。

ウ　ホームページは、みんなに見てもらうためにつくられているので、どこのものでも安心である。

エ　「重要なお知らせメール」が来たので、すぐに開かず発信元を確かめた。

問七
(i)
(ii)
問八

三

問一
ア
イ
ウ
エ
オ
カ

問二
問三
問四
問五
問六
(i)
(ii)
問七
問八
問九

令和6年度　奨学生・専願生入学試験問題解答用紙

算　数

真和中学校

受験番号	

得点	※150点満点（配点非公表）

A

ア	イ	ウ	エ	オ	カ
				個	m

キ	ク	ケ	コ	サ	シ
m^2	試合	点	g	cm^2	°

B

1

(1)	(2)	(3)
(求め方)	(求め方)	(求め方)

【解答】

令和6年度　奨学生入学試験問題解答用紙

理　科

真和中学校

受験番号	

総得点	※100点満点 （配点非公表）

1

問1	①	②	③	④	⑤
	⑥	⑦	⑧	⑨	⑩
	⑪	⑫	⑬	⑭	⑮
問2					

問3		問4	→　→　→　→　→

問5	㋐	㋑	問6		問7	

小　計

【解答用

令和6年度

奨学生入学試験問題解答用紙

真和中学校

社　会

受験番号	

総得点	※100点満点（配点非公表）

1

問1	1	2		3	問2	
問3	平野	問4		問5 海流	問6	
問7	(1) 台地	(2)		(3)	問8	

2

問1		問2		問3		
問4		問5	(1)	(2)	(3)	
問6						

3

問1		問2		問3	(1)	(2)	(3)

【解答用

問6	A 寺	B 寺	C 使	D 氏	➡ ➡ ➡				
問7		問8							
問9	8		9		10		問10	焼	
問11	(1)		(2)		(3) 貿易		問12	銀山	
問13		問14							
問15	(1)		(2)		問16	藩			

4

問1	A	権	B	権				
問2	あ		い	院	う	裁判	え	
問3								
問4								
問5		問6						

問1							
(3)	A	(4)	B	C	問2	①	②

問3

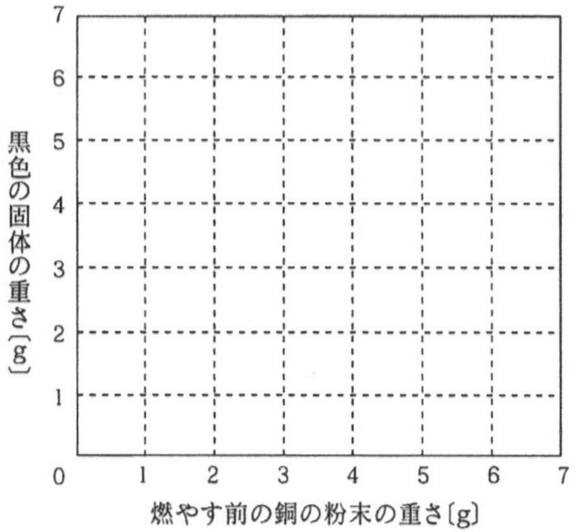

問4	%

問5		
	(1)	
	(2)	g

	小　計

3

問1	ア	イ	ウ	エ	オ

問2	km	問3	km	問4	分	km

問5								
	(1)	区間①	区間②	区間③	区間④	区間⑤		
	(2)	ア	イ	ウ	(3)	：	(4)	：

小　計

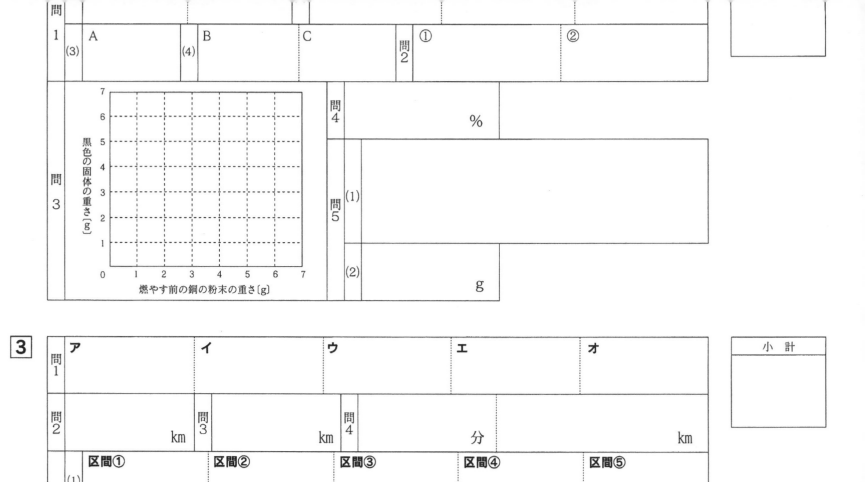

2

(1)	(2)	(3)
（求め方） 番目	（求め方）	（求め方）

3

(1)	(2)	(3)	(4)
（求め方） cm	（求め方） 分　秒	（求め方） 分　秒	（求め方） 毎分　cm^3

令和六年度　奨学生・専願生入学試験解答用紙　真和中学校

国語

受験番号

総得点

※150点満点
（配点非公表）

一

問一

問二

問三

問四

問五

問六

問七

問八

六十字

二

問一

ア

イ

ウ

問二

問三

a

b

問四

Ⅰ

Ⅱ

Ⅲ

Ⅳ

問五

問六

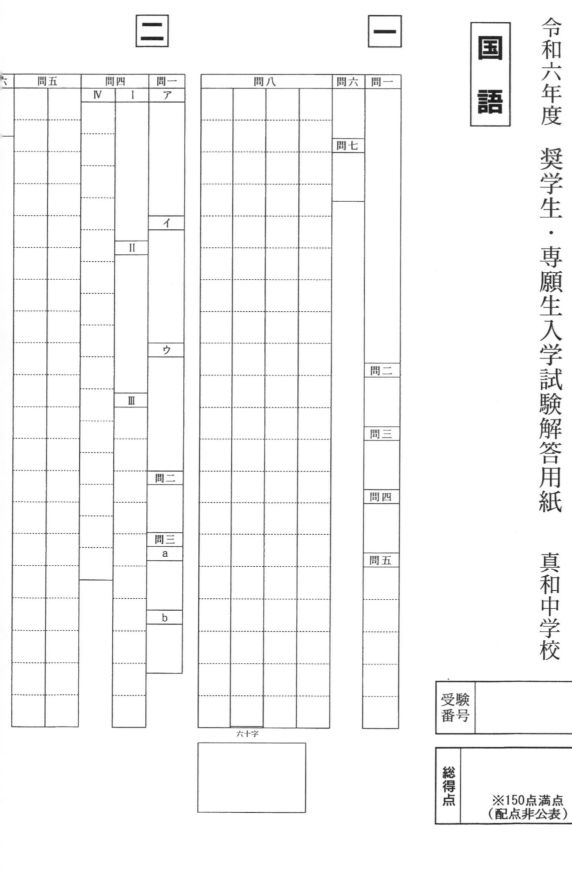

令和６年度

中学　奨学生

社　会

受験上の注意

1　試験問題は，２ページから 17 ページまであります。
　　試験時間は 40 分です。

2　解答はすべて別紙の解答用紙に記入しなさい。

3　開始の合図と同時に，解答用紙に受験番号を記入しなさい。

4　試験が終了したら，机の上に解答用紙を広げたままで待機しなさい。

真和中学校

1　しょうたさんは、夏休みに家族旅行で北海道に行きました。次の旅程《りょてい》表や地図を見て、あとの問いに答えなさい。

資料１　旅程表

７月22日（土）	10：35	熊本空港発
	13：30	羽田空港発
	15：05	新千歳《しんちとせ》空港着
	16：30	札幌《さっぽろ》市内のホテル着
	18：30	すすきので札幌味噌ラーメンを食べる
	20：00	藻岩山《もいわやま》展望台で夜景を見る
７月23日（日）	9：00	札幌市内観光
		・大通公園　・札幌市時計台
		・和洋菓子店Ｒ社でお土産を買う
	12：00	・三角市場で海鮮丼を食べる
	13：00	小樽《おたる》運河クルーズ
	15：00	和洋菓子店Ｌ社でチーズケーキを食べる
	17：00	小樽市内のホテル着
７月24日（月）	9：00	ニセコ町へ出発
	13：00	ラフティング体験
	18：00	洞爺湖《とうやこ》温泉に宿泊
７月25日（火）	9：00	有珠《うす》山ロープウェイ
		・洞爺湖展望台　・有珠火口原展望台
	12：00	昼食
	14：00	地球岬展望台
	15：00	室蘭《むろらん》市内のホテル着
	20：00	白鳥大橋のイルミネーションを見る
７月26日（水）	9：00	登別《のぼりべつ》地獄谷
	11：00	ウポポイ
	15：05	新千歳空港発
	17：25	羽田空港発
	19：05	熊本空港着
	21：00	帰宅

資料２　北海道旅行ルート

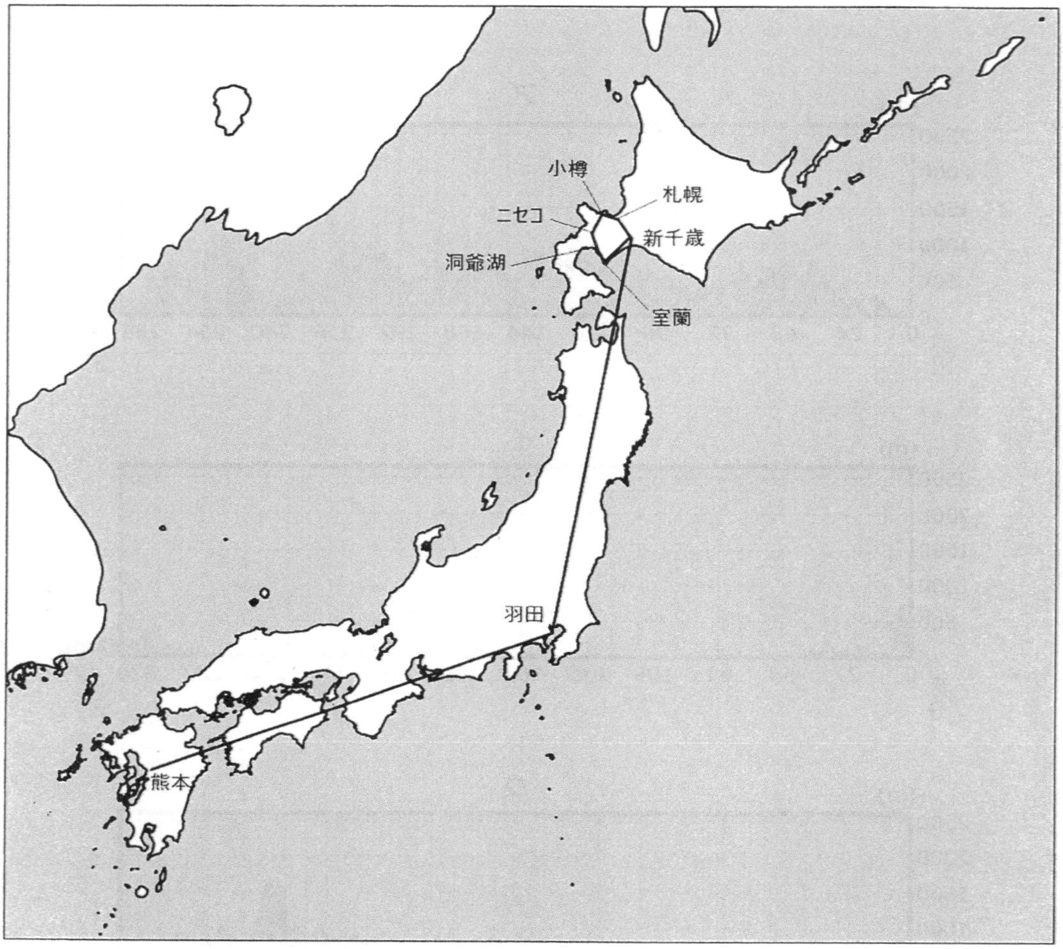

問１　次の表は、熊本空港から羽田空港の航路を通る都道府県を示しています。表中の［１］～［３］にあてはまる都道府県名を答えなさい。

熊本県 → ［１］ → 愛媛県 → ［２］ → 徳島県 → 和歌山県 → 三重県 → ［３］ → 静岡県 → 神奈川県 → 東京都

問２　羽田空港から山形市に至る航路の断面図として最も適当なものを、次の**ア～エ**から１つ選び、**その記号**で答えなさい。

ア

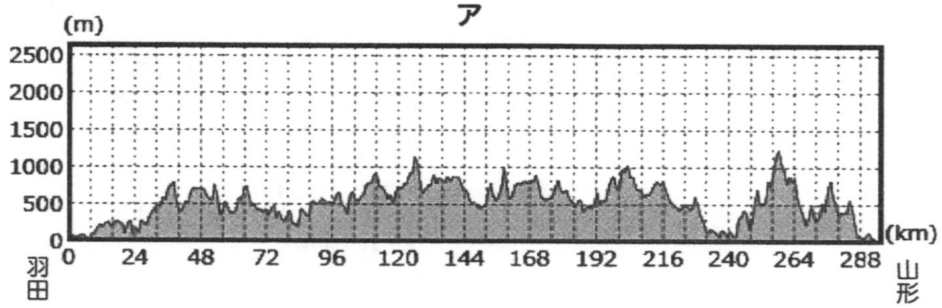

イ

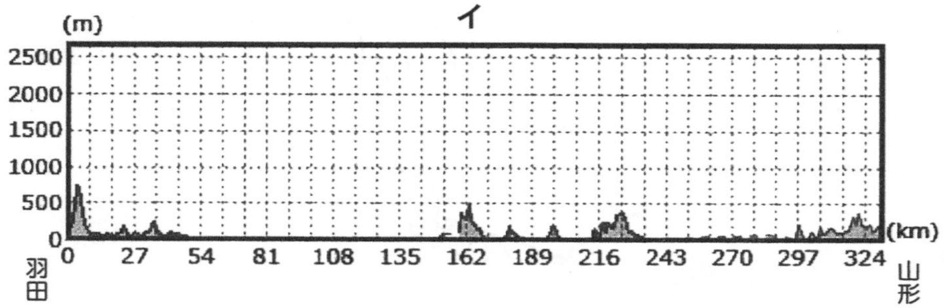

ウ

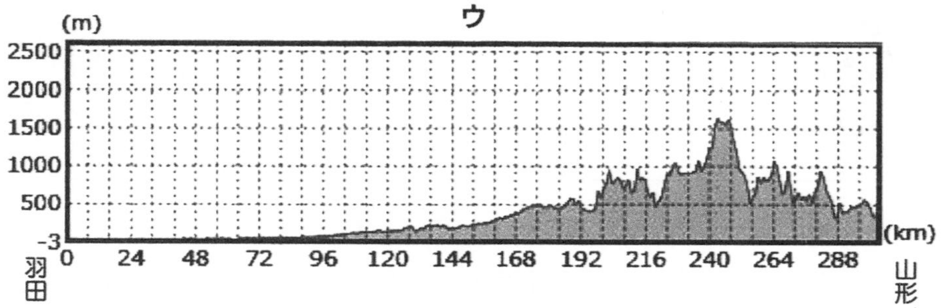

エ

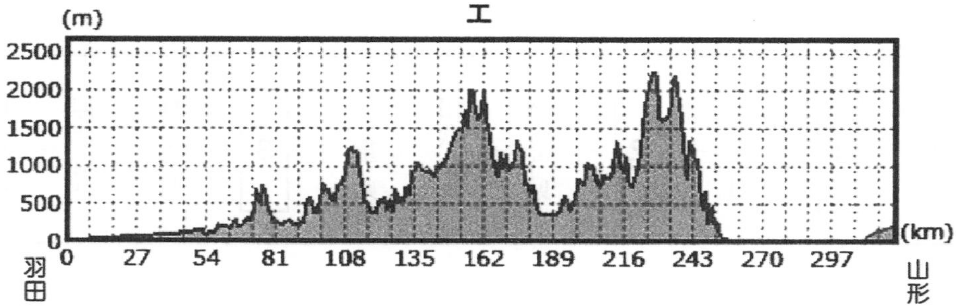

（出典：国土地理院ウェブサイトにおいて断面図を作成）

問３　札幌市が位置する平野を、**漢字**で答えなさい。

問４　札幌市の気温と降水量をあらわしたグラフを、次の**ア～エ**から１つ選び、**その記号**で答えなさい。

ア

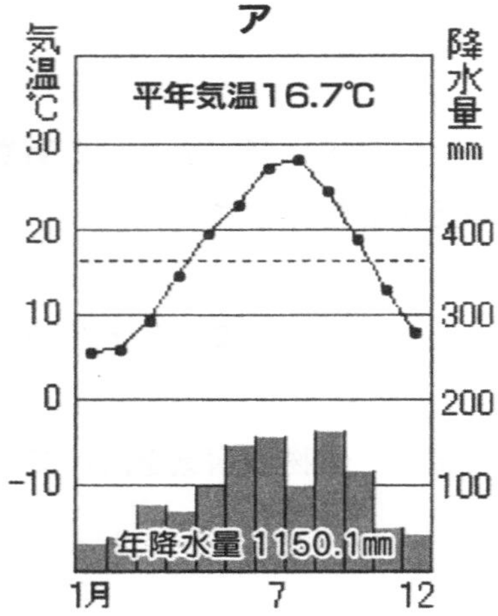

イ

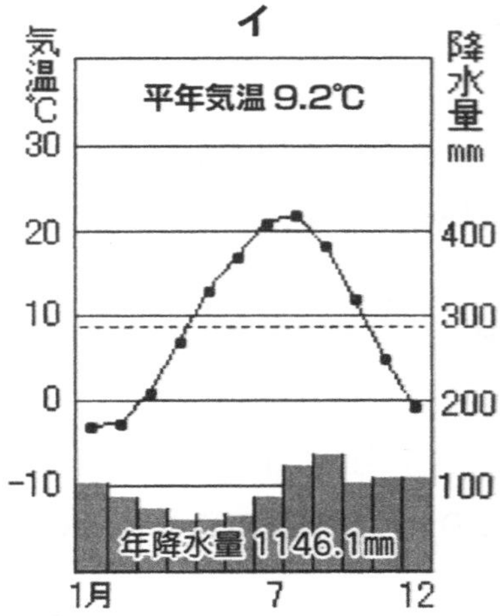

ウ

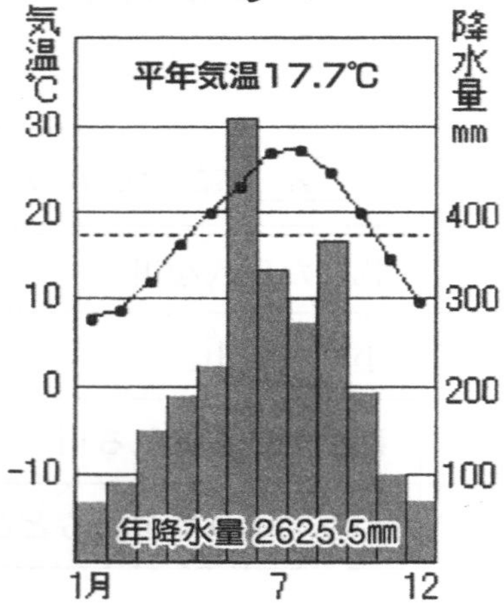

エ

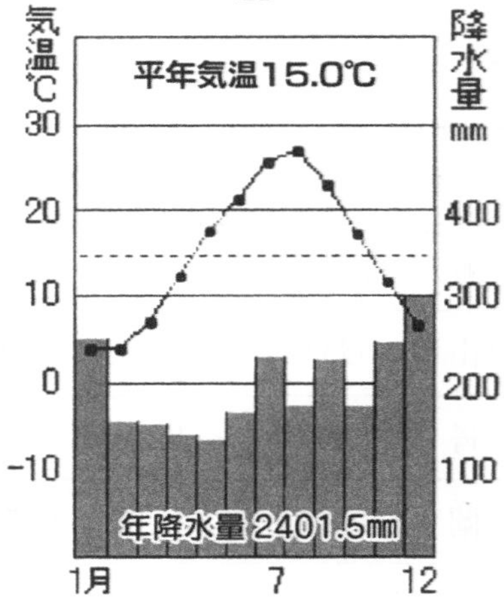

問５　小樽市の北を流れる海流を答えなさい。

問６　洞爺湖は、火山の噴火によって陥没《かんぼつ》したところに水がたまって形成された湖です。このようなくぼ地は阿蘇山でも見られます。洞爺湖と阿蘇山に共通する地形を答えなさい。

問７　十勝平野には、帯広市を本社におく和洋菓子の製造・販売を行うＲ社があります。十勝平野について、あとの問いに答えなさい。

(1)　北海道は酪農がさかんで、バターサンドやチーズケーキなどのお菓子が有名です。十勝平野とともに酪農がさかんな地域はどこですか。解答欄《らん》に合うように**漢字**で答えなさい。

(2)　十勝平野では農業も盛んです。十勝平野で生産量が多い農作物として**あやまっているもの**を、次の**ア～エ**から１つ選び、**その記号**で答えなさい。

ア　米　　**イ**　とうもろこし　　**ウ**　大豆　　**エ**　じゃがいも

(3)　十勝平野では、一つの畑に去年と違う作物を植え、作物の病気を防いでいます。このような生産方法を何といいますか。

問８　しょうたさんは、旅行した地名に先住民の言語に由来するものがあると知り、表にまとめました。次の表を見て、 X にあてはまる**先住民族名**を答えなさい。

日本語の地名	X 語の地名の発音	X 語の地名の意味
札　幌(さっぽろ)	サッ・ポロ・ペ	乾いた広大な川
藻岩山(もいわやま)	モ・イワ	小さな岩山
小　樽(おたる)	オタ・オル・ナイ	砂浜の中を流れる川
室　蘭(むろらん)	モ・ルラン	小さな下り坂のあるところ

2 次の地図を見て、あとの問いに答えなさい。

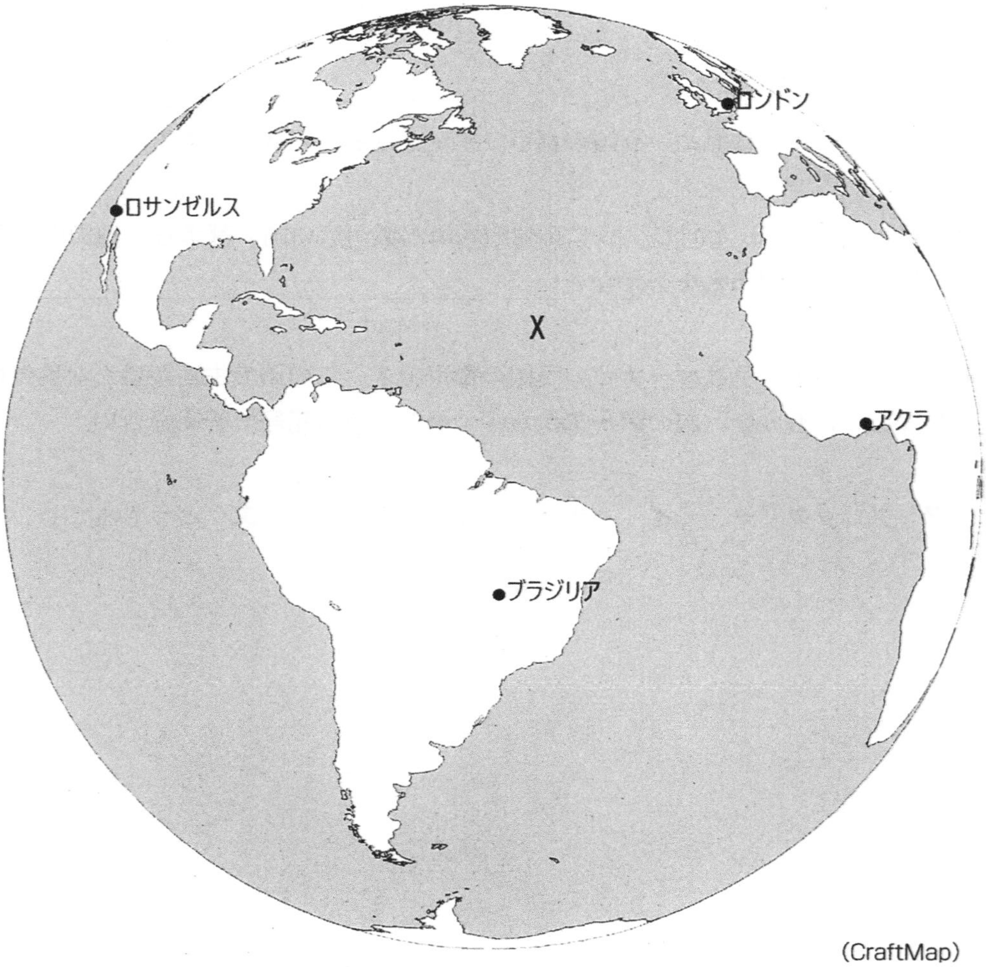

(CraftMap)

問１　この地図は東経と西経のどちらを中心としていますか。

問２　地図中の **X** の大洋名を答えなさい。

問３　地図中において、赤道にまたがる大陸を**すべて**答えなさい。

問４　東京と緯度がほぼ同じ都市を、地図中から１つ選び、**その都市名**を答えなさい。

問５　地図中のロサンゼルスについて、あとの問いに答えなさい。

(1)　ロサンゼルスはプレートとプレートの境界に近い位置にあります。起こりやすい自然災害を答えなさい。

(2)　ロサンゼルスは何という国の都市ですか。国名を正式名称で答えなさい。

(3)　日本や上記 (2) と同じように排他的経済水域が広い国の都市を、地図中から１つ選び、**その都市名**を答えなさい。

問６　地図中のアクラはガーナという国の都市です。この国で生産が盛んな農作物として正しいものを、次の**ア～エ**から１つ選び、**その記号**で答えなさい。

ア　ブロッコリー　　**イ**　バナナ　　**ウ**　カカオ豆　　**エ**　とうもろこし

3　我が国の外交に関する、次の５つの文章を読んで、それぞれあとの問いに答えなさい。

> 中国や朝鮮半島から移り住んだ人々により伝えられた①米づくりで、食料がたくわえられると、それらは財産となり貧富の差、さらには身分の差が広がっていきました。やがて、②むらの指導者は、他のむらをも支配する豪族となり、それぞれ小さなくにをつくり、王とよばれる者も現れました。③なかには中国や朝鮮半島へ使者を派遣して、大陸の技術や文化を積極的に取り入れ、くにづくりに役立てました。

問１　下線部①に関連して述べた、次の文**ア～エ**から**あやまって述べたもの**を１つ選び、**その記号**で答えなさい。

ア　三内丸山遺跡からは、木の皮を編《あ》んでつくった入れ物や、水田のあとが見つかっています。

イ　春から夏にかけて、湿地を木製の鍬《くわ》や鋤《すき》で耕して水田をつくり、種もみをじかにまいたり、苗を育てて田植えをしたりしました。

ウ　秋には、石包丁で稲の穂をかり取り、ねずみや湿気を防ぐ高床の倉庫にたくわえました。

エ　祭りに使われたとされる銅鐸《どうたく》には、弓矢で鹿を狩《か》る様子とともに、臼《うす》と杵《きね》で脱穀《だっこく》する様子も見ることができます。

問２　下線部②に関連し、下は吉野ヶ里遺跡から出土したガラス製品で、空いた穴にひもを通して首飾りや腕飾りとして身につけたとされています。この装身具を**漢字２文字**で答えなさい。

問３　下線部③に関連して述べた、次の文を読んで、あとの (1) ～ (3) に答えなさい。

「中国の古い歴史書には、『日本を治めていた邪馬台国の女王が 239 年に中国に使いを送り、贈り物をしたので、中国の皇帝が日本の王としての称号や鏡などを授けた』ことが記されています。」

(1)　当時の日本の国号を、**漢字１文字**で答えなさい。

(2)　女王の名を**漢字**で答えなさい。

(3)　女王が使いを送った中国の王朝を、次の**ア～エ**から選び、**その記号**で答えなさい。

ア　呉　　**イ**　秦　　**ウ**　魏　　**エ**　蜀

５世紀ごろから、中国や朝鮮半島から日本に移り住む［　1　］人が多くなり、建築や土木、金属加工や織物・焼物など進んだ技術を日本にもたらしました。中国の文字やインドの仏教も、彼らによって伝えられたもので、④大和朝廷は、こうした技術や文化を積極的に取り入れました。

⑤７世紀から９世紀にかけては、日本から中国へ多くの人々が海をわたりました。朝廷から任命された大使の他に、留学生や留学僧も含まれていました。彼らは、中国の進んだ政治制度や大陸の文化・学問などを学びました。そして、法律や歴史、仏教に関する書物などを手にして帰国しました。

問４　［　1　］にあてはまる語句を**漢字**で答えなさい。

問５　下線部④について、５世紀後半には大王の権力が九州から関東にまでおよんでいたことがわかっています。これに関して述べた次の文中の［　2　］～［　4　］にあてはまる語句を答えなさい。ただし、［　4　］は**カタカナ**で答えなさい。

「熊本県の［　2　］古墳から出土した鉄刀と、埼玉県の［　3　］古墳から出土した鉄剣には、大和朝廷の大王だった［　4　］の名前がきざまれていたからです。」

令和６年度

中学　奨学生

理　科

受験上の注意

1　試験問題は，２ページから 11 ページまであります。
　試験時間は 40 分です。

2　解答はすべて別紙の解答用紙に記入しなさい。

3　開始の合図と同時に，解答用紙に受験番号を記入しなさい。

4　試験が終了したら，机の上に解答用紙を広げたままで待機しなさい。

真和中学校

1 Aさんは小学校で学習や観察をした動物や植物について，次のようにまとめました。まとめたレポートⅠ，レポートⅡを読み，以下の問いに答えなさい。漢字で学習した語句はすべて漢字で答えなさい。

【レポートⅠ】

・アサガオは種を植えた後，芽が出て（　①　）が開いた。花が開いた後，（　②　）ができて，枯《か》れる。
・モンシロチョウの体は（　③　），（　④　），（　⑤　）の３つに分かれている。
・カエルのオタマジャクシを観察すると，最初に（　⑥　）足が出てきてから，（　⑦　）足がでてくる。そのあと成体になる。
・メダカはメスがたまごを産み，オスが（　⑧　）を出してそれぞれが結びつくと（　⑨　）ができる。14日ほどで（　⑩　）をして子メダカが誕生する。
・ヒトの子どもは生まれる前は母親のおなかの中にある（　⑪　）のなかで育つ。(⑪)の中の子どもを（　⑫　）という。ヒトの(⑫)は(⑪)の中で育ち，（　⑬　）からへその緒を通して栄養をもらって成長する。平均で約（　⑭　）週間後に誕生する。また，おなかに子どもがいる母親は（　⑮　）をカバンなどにつけて妊娠《にんしん》していることが分かるようにしていることがある。

Aさんはレポートⅰをまとめている時に，すべてオスとメスが関わって生命が受けつがれていることに気づきました。そこで，オスとメスが関わらずに生命が受けつがれることがあるのか疑問に思ったので，調べてレポートにしました。調べた結果，次のことが分かりました。

【レポートⅡ】

・オスとメスが関わって生命が受けつがれる増え方を有性生殖《ゆうせいせいしょく》という。
・池や川，海などにいる小さな生き物のうち，ゾウリムシやミドリムシなどはオスとメスが関わらずに生命を受けつぐことができる。このような増え方を無性生殖《むせいせいしょく》という。
・サツマイモの種いもを植えてしばらくすると新しいサツマイモができる。これは無性生殖である。
・ソメイヨシノやみかんなど，いくつかの種類の花や果物の木は，くきを切り取り，そのくきを他の植物に差しこみ増やしていく。これは接《つ》ぎ木というが，この方法も無性生殖である。
・有性生殖で増えた生物は，親と性質が異なったり，病気などのかかりやすさなども異なったりする。

・無性生殖で増えた生物は，親と全く同じ性質で，病気などのかかりやすさも全く同じである。
・全国のソメイヨシノはすべて無性生殖で増えたものである。

問１　レポートⅠ中の（　①　）～（　⑮　）に当てはまる語句や数字を答えなさい。

問２　植物が（　②　）をつくるためには，受粉をする必要があります。同じ花の中で受粉する植物もあれば，他の花の花粉が運ばれて受粉する植物もあります。どんな方法で花粉が運ばれますか。１つ答えなさい。

問３　バッタの育ち方について，（例）と同じように解答欄《らん》に書きなさい。

（例）モンシロチョウの育ち方

たまご　→　よう虫　→　さなぎ　→　せい虫

問４　以下の図はメダカがたまごから子メダカになるまでの様子を示しています。次の**ア～カ**を正しい順番に並べ替え，記号で答えなさい。

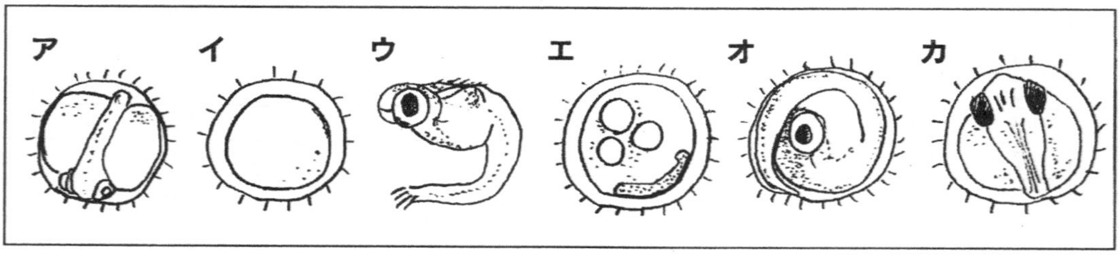

問５　多くの種類のサクラは接ぎ木などで数を増やしていきます。そこで「花の数が多いサクラ」と「虫のひ害に強いサクラ」を使って，「花の数が多くて虫のひ害に強いサクラ」をたくさん作りたいと考えました。次の文はその方法について述べたものです。文章中のあ，いに当てはまる語句をレポートⅡ中の言葉を用いて答えなさい。

　最初に，花の数が多いサクラの花粉を虫のひ害に強いサクラのめしべにつけて（　あ　）で増やし，得られたサクラから両方の性質を引きついでいるサクラを選び出します。次に，選んだサクラを（　い　）で増やすことで，作りたい特徴《とくちょう》をもつサクラをたくさん作ります。

問6　Aさんはソメイヨシノの開花予想はどのように行われているか調べたところ，「600度の法則」という法則があることがわかりました。これは，毎年2月1日以降の最高気温を足していき600度を超えた日に開花するという法則です。以下の表は，2020年のZ県の2月1日以降の最高気温です。以下の表からZ県の開花日の予想をし，適切な期間を次の**ア～シ**から1つ選び，記号で答えなさい。

日	2月　気温（℃）			3月　気温（℃）			4月　気温（℃）		
	平均	最高	最低	平均	最高	最低	平均	最高	最低
1	5.0	8.2	2.8	7.2	10.1	4.1	13.4	18.9	9.8
2	5.1	9.9	1.7	7.9	12.5	2.1	9.6	12.3	7.7
3	4.7	11.1	-0.1	7.7	10.7	4.7	10.6	16.4	5.0
4	4.0	6.1	1.8	7.5	12.4	1.3	10.9	19.8	5.9
5	2.9	7.2	-1.4	5.2	8.2	2.5	6.7	10.3	4.6
6	-1.4	0.9	-3.3	5.2	8.5	2.2	8.3	10.1	5.3
7	0.3	5.2	-3.7	6.3	11.4	0.3	9.3	14.6	4.3
8	2.5	4.5	-0.7	9.2	13.6	6.4	9.6	16.5	3.9
9	0.5	2.6	-2.1	10.0	14.9	4.2	8.8	13.0	5.6
10	1.5	4.3	-0.9	11.4	15.7	7.7	7.1	9.7	4.5
11	3.5	6.9	0.4	8.8	12.5	5.4	8.3	13.1	3.2
12	5.1	13.2	-1.9	7.5	11.5	4.1	9.3	13.5	4.0
13	9.0	14.3	4.9	6.9	14.8	2.4	9.9	13.3	6.7
14	10.5	15.1	7.7	4.9	7.0	3.0	8.4	12.0	5.3
15	8.9	11.2	6.0	5.7	10.1	3.6	11.0	17.7	3.9
16	9.0	11.9	3.5	4.3	7.3	1.9	9.4	12.6	4.9
17	6.9	10.7	0.8	6.5	9.5	2.5	10.6	16.6	2.7
18	3.8	6.2	0.8	8.9	13.3	5.5	11.2	13.3	8.6
19	5.1	8.8	2.6	12.9	20.8	4.3	11.9	15.4	8.7
20	4.1	6.8	2.0	9.4	14.0	6.5	11.8	14.8	9.0
21	5.5	12.0	0.6	11.8	15.5	8.1	11.7	14.1	10.0
22	7.8	12.5	2.3	9.0	11.4	7.7	8.1	10.6	5.4
23	5.6	7.9	3.6	7.1	10.9	1.8	7.4	11.3	4.3
24	7.6	11.5	2.5	5.5	9.4	1.6	7.9	12.9	5.4
25	7.5	10.4	4.9	7.3	11.5	3.6	13.0	19.6	6.7
26	6.0	8.7	3.2	8.9	16.5	2.2	11.0	14.7	8.5
27	3.9	6.5	1.9	11.8	18.3	6.1	10.4	14.0	7.2
28	4.0	7.1	2.2	8.1	13.5	2.2	10.0	14.8	5.2
29				5.2	9.2	1.6	12.5	19.4	6.5
30				6.5	10.4	2.1	15.3	22.6	8.5
31				9.6	13.8	2.8			
平均	5.0	8.6	1.5	7.9	12.2	3.7	10.1	14.6	6.0

ア　2月22日～2月26日

イ　2月27日～3月3日

ウ　3月4日～3月8日

エ　3月9日～3月13日

オ　3月14日～3月18日

カ　3月19日～3月23日

キ　3月24日～3月28日

ク　3月29日～4月2日

ケ　4月3日～4月7日

コ　4月8日～4月12日

サ　4月13日～4月17日

シ　4月18日～4月22日

問7　これまでの内容から，ソメイヨシノの開花予想ができる理由のうち，**誤っているもの**を次の**ア～キ**からすべて選び，記号で答えなさい。

ア　ソメイヨシノは無性生殖で増えたから。

イ　全国各地の気温の予想が天気予報でできるから。

ウ　ソメイヨシノはオスとメスが関わって生命を受けついでいるから。

エ　ソメイヨシノは種で増やすことができるから。

オ　ソメイヨシノは親と同じ性質をしているから。

カ　ソメイヨシノは親と異なる性質をしているから。

キ　春は寒い日が続くことがあるので，つぼみが開かないから。

2 金属を燃やしたときに何がおこるかを確認するために，次の【実験】を行いました。以下の問いに答えなさい。

【実験】さまざまな重さの銅の粉末を用意し，それぞれを十分な時間をかけて燃やしたところ，銅の粉末がすべて空気中の酸素を使い，黒色の固体になりました。燃やす前の銅の重さと黒色の固体の重さを**表**にまとめました。

表

燃やす前の銅の粉末の重さ〔g〕	1.2	2.8	5.2	（ ② ）	9.2
黒色の固体の重さ〔g〕	1.5	（ ① ）	6.5	9.0	11.5

問１　金属のさまざまな性質を調べてまとめた次の文章を読み，問いに答えなさい。

鉄でできた球をガスコンロで加熱し，その体積をはかると，加熱する前とくらべて（ あ ）。加熱したあとの鉄球を水で十分に冷やし，再び体積をはかると，加熱したあととくらべて（ い ）。次に，同じ体積の鉄とアルミニウムの重さをそれぞれ測ったところ，（ う ）は27 g，（ え ）は79 gで（ え ）のほうが重かった。同じ重さの（ う ）と（ え ）の体積を比べてみたところ，（ う ）の体積は（ え ）の体積の（ お ）倍だった。さらに，鉄とアルミニウムをそれぞれ磁石に近づけてみたところ，〔 A 〕。また，鉄とアルミニウムをうすい塩酸につけてみたところ，〔 B 〕。また，鉄とアルミニウムをうすい水酸化ナトリウム水溶《よう》液につけてみたところ，〔 C 〕。

(1) 文中の（ あ ），（ い ）に当てはまるものを，次の**ア**～**ウ**からそれぞれ１つ選び，記号で答えなさい。

ア　大きくなった　　**イ**　小さくなった　　**ウ**　変わらなかった

(2) 文中の（ う ），（ え ）に当てはまるものを，「鉄」か「アルミニウム」のどちらかで答えなさい。また，（ お ）に当てはまる数値を，小数第２位を四捨五入して小数第１位まで答えなさい。

令和６年度

中学　奨学生・専願生

算　数

受験上の注意

1　試験問題は，[A] と [B] があります。
試験時間は，[A] と [B] で 60 分です。

2　試験問題は，(2)(4)(6)(7)(8)(9) ページにあります。
(3)(5) ページの白紙は，計算に使って下さい。

3　解答はすべて別紙の解答用紙に記入しなさい。なお，[A] の問題は答えだけ，[B] の問題は求め方と答えを記入しなさい。

4　開始の合図と同時に，解答用紙に受験番号を記入しなさい。

5　試験が終了したら，机の上に解答用紙を広げたままで待機しなさい。

真 和 中 学 校

A

次の ［ア］ ～ ［シ］ にあてはまる数を解答用紙の解答らんに答えなさい。
ただし，円周率は 3.14 とします。

(1)　$0.85 \times 6 - 2 \div \frac{4}{7} = \boxed{\text{ア}}$

(2)　$\frac{4}{7} \times \left(1.6 \div \frac{1}{2} + 0.3 \right) = \boxed{\text{イ}}$

(3)　$\frac{7}{20} \div \left(\frac{3}{8} - \frac{1}{5} \right) - 1\frac{1}{3} = \boxed{\text{ウ}}$

(4)　$494 \div \left\{ \left(\boxed{\text{エ}} - 41 \right) \times \frac{1}{3} \right\} = 19$

(5)　1 から 100 までの整数のうち，5 の倍数または 7 の倍数である整数は ［オ］ 個あります。

(6)　あるまっすぐな道に沿って直径 45cm の木を 20 本，図のように 10m 間隔《かく》で植えました。1 本目の左端《はし》から 20 本目の右端《はし》までの距離は， ［カ］ m です。たとえば木を 2 本植えたときの距離は 10m90cm です。

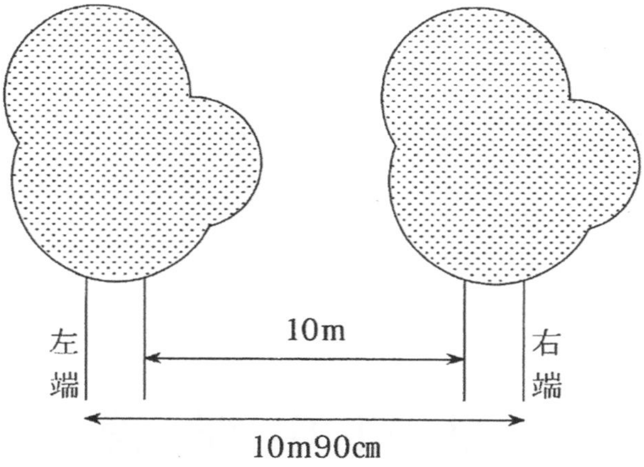

（このページは計算に使ってください。）

(7)　ある果樹園では6800㎡の土地にいちご，ぶどう，梨《なし》を栽培しています。その土地の45％がいちご畑で，残りの土地の60％が梨園です。ぶどうを栽培している面積は［　キ　］㎡です。

(8)　A, B, C, D, E, F の6チームでサッカーの試合をします。どのチームとも1回ずつ総当たり戦にすると，試合は全部で［　ク　］試合あります。

(9)　Aさんが国語，算数，社会，理科のテストを受けました。国語と算数2教科の平均点は74.5点で，理科と社会の得点比は5：6です。また，4教科の平均点は73点でした。社会の得点は［　ケ　］点です。

(10)　食塩水100g中に10gの食塩をふくむものを濃度10％の食塩水といいます。濃度8％の食塩水が300gあります。これに水を［　コ　］g加えて濃度5％の食塩水を作りました。

(11)　右の図は円柱の展開図です。
この円柱の表面積は［　サ　］㎠です。

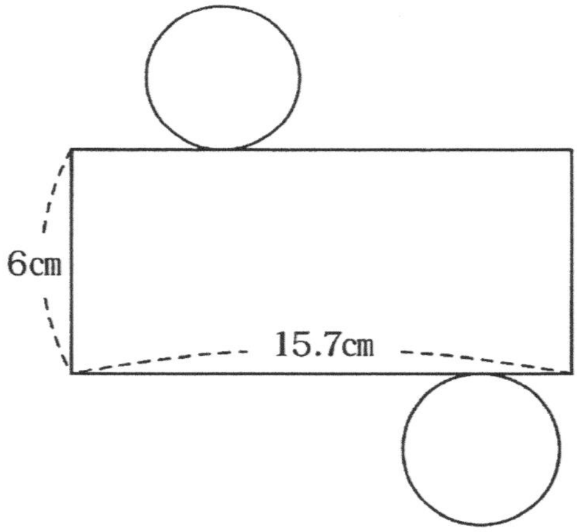

(12)　右の図は1組の三角定規《じょうぎ》を組み合わせたものです。
㋐の角度は［　シ　］°です。

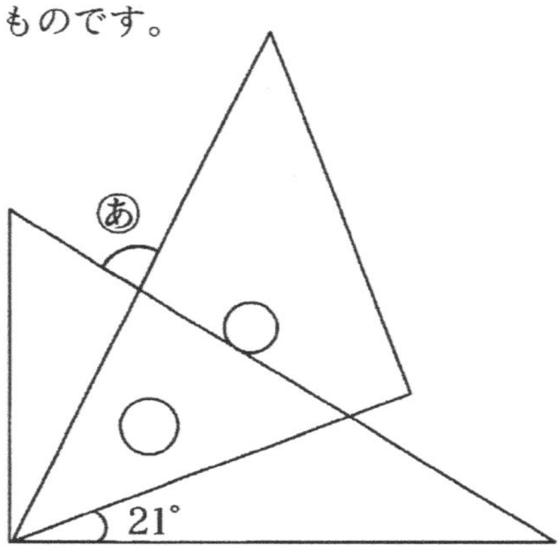

（このページは計算に使ってください。）

B

1　A君とB君の家は１本の道沿いに5.6km離れており，２人の家の間にはA君の家から2240mのところにスーパー，その先に映画館があります。A君とB君のそれぞれの会話を読んで，次の各問いに答えなさい。

A君：13時に家を出たよ。35分歩いたらスーパーに着いたので，飲み物を買って休憩《きゅうけい》したら15分かかったよ。そこから，スーパーに向かったときの速さの$\frac{3}{4}$倍で映画館に向けて出発したら20分で着いたよ。

(1)　A君がスーパーに向かって歩いたときの速さは分速何mですか。

(2)　B君の家から映画館までは何mありますか。

B君：A君と同じ時間に分速60mで家を出発したよ。28分後に家に財布を忘れたことに気付いて，家の方に一定の速さで走って戻り始めたんだ。幸いにも，ぼくの財布に気づいた母が，途中まで持ってきてくれたので家の方に戻るのは９分だけで済んだよ。２分間怒られた後，映画館に向かって歩き出して，14時10分に映画館に着いたよ。

(3)　B君が家の方に走って戻ったときの速さと，財布を受け取った後に映画館に向かったときの速さの比が５：３だったとします。B君が母から財布を受け取ったのは，B君の家から何mのところですか。

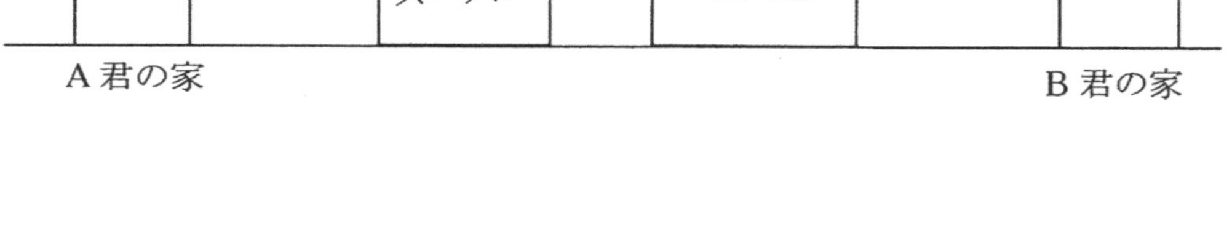

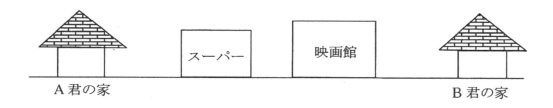

三　次の文章を読んで、あとの問いに答えなさい。

中学一年生の塚原《つかはら》マチは、周囲に流されるままにクラスの書記や仕事を引き受け、断ることができない自分に悩んでいた。

チャイムが鳴り、「そこまで」という先生の声がした瞬間《しゅんかん》、それまで①ピンと張りつめていた教室の空気が一気にふっとゆるんだ。

「あー。あそこの問題、昨日覚えたばっかりだったのに」

いつも通り元気のいい恒河《こうが》が、悔《くや》しそうに言う。

初めての中間テスト。

最後の教科である理科の答案用紙が、後ろの席から順に前へ送られてくる。マチも自分の分を裏返し、上に重ねた。

教室の中は、恒河のように結果を残念がる声や、ようやくテストが終わった解放感からの笑顔にあふれていた。マチの　X　からも力が抜《ぬ》ける。中学校のテストは、小学校までのものとはまったく違《ちが》った。さっきまで、咳《せき》ばらいひとつできないような静けさで、座っていてもいつもよりずっと窮屈《きゅうくつ》だった。

解答用紙を集め終えた先生が数を確認し、起立、礼の号令を日直がかける。

先生が出ていくと、教室内がさらに騒《さわ》がしくなった。みんな、あちこちで「どうだった？」とか「あそこの答え、なんて書いた？」と話し合っている。

筆箱と下敷《したじ》きをしまっていると、近くの席で友達と話していた琴穂《ことは》が、「マチ」と話しかけてきた。

「できた？」

「全然」

本当は、始まる前までかなり緊張していたものの、どの教科もテストが始まってしまえば、集中して取り組むことができた。授業でやったこと、試験㋐タイサクに勉強したことを落ち着いて思い出せば、自信がないところはあるものの、答えられない問題はほとんどなかった。

答えたマチを、琴穂がふざけ調子に軽く睨《にら》んだ。

「嘘《うそ》ばっかり。そんなこと言って、本当はできたんでしょ。マチはいっつもそうだもんね」

とっさに黙《だま》ってしまう。琴穂が友達に「マチはうちの小学校で一番て言っていいくらい㋑セイセキがよかったんだよ」と説明する。その子が「そうなんだ、すごいね。じゃ、今回も一番かもね」と言うのを聞きながら、マチは急いで首を振《ふ》った。

「②すごくなんかないよ」

琴穂に言われた『嘘ばっかり』という言葉が、胸を微《かす》かに苦しくする。どう返事すればよかったのか、わからなかった。

そのとき、横からみなみが話しかけてきた。

「マチ、今日図書室行く？　私、今日からまた部活が始まるから、もし行くなら本をかわりに返してもらってもいい？」

「あ、うん。いいよ」

試験期間に入って、この一週間休みに入っていた部活動が、今日から再開される。琴穂も「あー、そうか。今日からまた部活だ」と大きく右手を上げ、伸《の》びをした。そのまま、今度はみなみに尋《たず》ねる。

「みなみはテストどうだった？」

「まあまあ。思ってたほど難しくなくてよかった」

「そう？　私は難しかったよー。いいなあ」

「もう。琴穂、あんまり勉強しなかったんでしょ？」

堂々と琴穂を見つめ返すみなみの顔にドキンとする。どうしてみなみはこんなふうに自然なんだろう。私はそういうふうにできないんだろう。テストができたのはいいことのはずなのに、なんだか恥《は》ずかしく、そのことを隠《かく》してしまいたいとすら思ってしまうのはなぜなんだろう。

琴穂たちが席に戻ってしまってから、みなみが「じゃ、これお願い」と図書室の本を差し出してきた。この間、マチが薦《すす》めた（注1）『モンテ・クリスト伯』だ。
「マチが言ったとおり本当に面白かったよ。ありがとう」
③さっきまで沈《しず》んでいた心が、その一言でふわっと浮《う》き立つ。
「すぐに借りてくれたんだ？」
「うん。他にも面白いのあったらどんどん教えて」
みなみがにっこりとマチに微笑《ほほえ》みかけた。

（中略）

科学部では、テスト明けから石けんを作ることになっていた。
科学部の「科学」は主に機械を作ることだと思っていたから、石けんと聞いても最初ピンとこなかった。だけど、水酸化ナトリウムを使った化学式が黒板に書かれているのを見るとわくわくした。授業ではまだ化学式については出てきていないけど、今から自分たちがする石けん作りが一気に㋒センモン的な実験になったように思えて、普段《ふだん》見慣れているはずの石けんにぐんと興味が広がる。
材料を溶《と》かし、混ぜ入れ、型に流しこんでから、あとは固まるまで何週間か時間を置く。換気《かんき》のために窓を開け放しても、理科室には、材料のオリーブオイルやココナッツオイルの匂いが充満《じゅうまん》していた。後片づけをして、廊下《ろうか》の水道で手を洗っていると、そこから校庭が見えた。
陸上部の様子を今日もつい見てしまう。百メートル用に線が引かれたコースを、ちょうどみなみが走っていた。
「守口さん、がんばってるね」
横で奏人《かなと》の声がした。マチは彼《かれ》に顔を向け、道具を洗いながら「うん」と返事をする。
「奏人くんはどうして科学部に入ったの？」

マチがためらいながら入った科学部に、奏人は早い段階から入部を決めていたようだった。奏人が「え?」と一瞬考えてから、「そうだなあ」と話し始めた。

「父さんの影響《えいきょう》かも」

「お父さんの?」

「うん。うちの父さん、昔から手先が㋓キヨウでさ。部屋の棚とか、折り紙とか、小さい頃《ころ》からいろいろ作ってもらったんだ。俺《おれ》はそれをずっと発明だと信じてて、父さんを科学者だって思ってたんだよね。今考えると、家の棚を作るような工作と科学は違《ちが》うし、おかしいんだけど」

「奏人くんのお父さん、何してる人なの?」

「車のエンジニア。普段はエンジンを作る仕事をしてる」

「へえ!　すごい」

エンジニアは確か技術者という意味だ。マチには、十分に科学とつながっている仕事に思える。マチの反応を受け、奏人が㋔テれくさそうに「そう?」と微笑んだ。

「だからかな。俺も将来、科学者になりたいって憧《あこが》れたんだ」

答える奏人の顔は、いきいきとして見えた。その表情を見た途端、マチは奏人に謝りたくなった。

運動部と違い、科学部は水曜と金曜しか活動がない。この間、そのことを琴穂に言われてショックだったし、マチ自身も運動部に入る勇気が出なくて、中途半端《ちゅうとはんぱ》な気持ちで科学部に入ってしまったと感じていた。だけど、奏人のように科学部の活動に真剣《しんけん》な人もいるのだ。④ひそかに深く、反省する。

ココナッツオイルの匂いがしている。

今日からは、家で石けんを見ても、ただ見るだけじゃなくて、きっと材料や作り方が気になるはずだ。それが、⑤とても楽しい。科学部に入ってよかったと、そのとき初めて思った。

翌週、中間テストの結果が返ってきた。
クラス内での総合順位の欄《らん》を、［Y］見る。
マチは、一番ではなかった。確認して、思いのほかショックを受けた。
口では強がりのように「できない」と言いながら、本当は小学校までの感覚で、自分でも気づかないうちに㋕キタイしてしまっていたのだろう。
返ってきた結果の紙をそっと両手で閉じながら、後ろの席のみなみや、廊下側に座る奏人の方をこっそり見る。
このクラスで、誰が一番なのかはわからない。
だけど、運動部に所属しながらセイセキもよいみなみや、自分と同じ年でもうはっきりした夢を持っている奏人が、同じクラスにいる。
中学校って本当に広い世界なんだ、と⑥心の底でため息をついた。

（辻村深月『サクラ咲く』光文社文庫）

【語注】

注1　『モンテ・クリスト伯《はく》』　アレクサンドル・デュマの小説。

問一　＝線部㋐～㋕のカタカナを、それぞれ漢字で書きなさい。

問二　空らん［X］にあてはまる言葉として最も適当なものを、次の**ア**～**エ**から一つ選び、記号で答えなさい。

ア　頭　**イ**　肩《かた》　**ウ**　腹　**エ**　ひざ

問三　空らん［Y］にあてはまる言葉として最も適当なものを、次の**ア**～**エ**から一つ選び、記号で答えなさい。

ア　かえすがえす　**イ**　おそるおそる　**ウ**　だましだまし　**エ**　かさねがさね

問四　——線部①「ピンと張りつめていた教室の空気」を別の表現で言いかえた部分を、これより後の文章から探し、二十字以内で書き抜きなさい。

問五　——線部②「すごくなんかないよ」とあるが、この時のマチの気持ちとして最も適当なものを、次の**ア**〜**エ**から一つ選び、記号で答えなさい。

ア　初めてのテストで一番が取れるとはまったく思っておらず、驚いてつい本心を言ってしまった。

イ　自分はテストが解けなかったと思っているのに、琴穂や友達に誤解され、つい言い返してしまった。

ウ　小学校の時の秘密を琴穂にばらされてしまい、うわの空な状態で気のない返事をしてしまった。

エ　琴穂の「嘘ばっかり」という言葉が胸にささり、心がくもったまま、とっさに否定してしまった。

問六　——線部③「さっきまで沈んでいた心が、その一言でふわっと浮き立つ」について、次の問いに答えなさい。

(i)　マチの心が「沈んでいた」のはなぜですか。理由として最も適当なものを、次の**ア**〜**エ**から一つ選び、記号で答えなさい。

ア　自分はみなみのように思ったことを包み隠さずに言うことができず、みなみをうとましく思っていたから。

イ　自然なみなみの態度と本心をさらけ出せない自分の態度との違いを感じて、情けなくなってしまったから。

ウ　みなみが何のためらいもなくテストが解けたと言ったことに対し、そのずうずうしさに嫌気《いやけ》がさしたから。

エ　テストができている様子のみなみを見て、自分よりも良い結果なのではないかと自信を失ってしまったから。

(ii)　「ふわっと浮き立」ったのはなぜですか。理由として最も適当なものを、次の**ア**〜**エ**から一つ選び、記号で答えなさい。

ア　みなみの行動により大好きな図書館に行くことを思い出し、どんよりした気持ちを忘れられると思ったから。

イ　気持ちが落ち込んでいるのをみなみが理解してくれて、わざわざ声をかけてくれたことに喜んだから。

ウ　みなみが自分のすすめた本をすぐに読んでくれたことがわかり、さらに感想ももらえてうれしかったから。

エ　自分とみなみが同じ本に同じ感想をもったことで、堂々としたみなみの考え方に近づけたように感じたから。

問七　――線部④「ひそかに深く、反省する」とあるが、それはなぜですか。理由を八十字以内で書きなさい。

問八　――線部⑤「とても楽しい」とあるが、それはなぜですか。理由として最も適当なものを、次の**ア**～**エ**から一つ選び、記号で答えなさい。

ア　科学部の活動や奏人の話を通して、科学に対して興味をもって前向きになれたことがうれしかったから。

イ　石けんの作り方を学んだことで、今まで興味がなかった石けんが自宅でも簡単に作れることが分かったから。

ウ　奏人の話を聞き、やはり自分は運動部ではなく科学部に入って正解だったと確信を持つことができたから。

エ　石けん作りを通して奏人と交流したことで、自分にも科学者という目標ができて希望が見えたから。

問九　――線部⑥「心の底でため息をついた」とあるが、ここから読み取れるマチの気持ちを、七十字以内で説明しなさい。

2024(R6) 真和中
K 教英出版

令和５年度

中学　奨学生・専願生

国　語

受験上の注意

1　試験問題は，２ページから15ページまであります。
試験時間は60分です。

2　解答はすべて別紙の解答用紙に記入しなさい。

3　開始の合図と同時に，解答用紙に受験番号を記入しなさい。

4　試験が終了したら，机の上に解答用紙を広げたままで待機しなさい。

真和中学校

2023(R5) 真和中
K 教英出版

一

次の【資料1・2】を読んで、後の問いに答えなさい。**※字数指定のある問題は、句読点とかぎかっこは一字に数えます。**

【資料 1】

（資料１）

**お詫び：著作権上の都合により，掲載して
おりません。ご不便をおかけし，
誠に申し訳ございません。
教英出版**

（NHK NEWS WEB 2022年6月28日）

【資料 2】

（資料２）

**お詫び：著作権上の都合により，掲載して
おりません。ご不便をおかけし，
誠に申し訳ございません。
教英出版**

（ＪＡＸＡホームページ「宇宙飛行士に、転職だ。」 2022 年 2 月 10 日更新《こうしん》）

問一　波線部「最初のオンライン試験」を正しく解答らんに書き写しなさい。

問二　――線部①「公表しました」について、この文の内容から考えて、次の文中の（　　）にあてはまる最も適切なものを後の**ア**～**エ**から一つ選び、記号で答えなさい。

公表されたのは（　　　　）である。

ア　ＪＡＸＡの意見　　**イ**　英語や小論文のテスト

ウ　日本の新たな宇宙飛行士　　**エ**　オンライン試験の結果

問三　――線部②「今後は宇宙船の…なっています」について、この文が表す内容と次の文が表す内容は同じですか、それとも異なりますか。「同じ」なら○を、「異なる」なら×を解答らんに書きなさい。

七月から八月にかけて実施《じっし》される宇宙船の運用試験など合わせて三回の試験が予定されていて、最終の合格者が選ばれるのは二〇二三年二月ごろです。

問四　――線部③「月面に降り立つことも想定されて」いる人とは、ここではどのような人のことですか。最も適切なものを次の**ア**～**エ**から一つ選び、記号で答えなさい。

ア　オンライン試験通過者　　**イ**　最終の合格者　　**ウ**　書類選抜《せんばつ》の成績優秀者《ゆうしゅうしゃ》　　**エ**　日本の宇宙飛行士

問五　**【資料1】**の内容から考えて正しいものを次の**ア**～**エ**から一つ選び、記号で答えなさい。

ア　応募者《おうぼしゃ》は四千人以上で米国を上回った。

イ　書類選抜の時点で約四十五％が不合格になった。

ウ　今回の通過者は書類選抜から二十分の一に減った。

エ　理数系の知識を問うテストで通過したのは約一割だ。

問六　**【資料2】**の内容から考えて、「それだけで今回の選抜試験に応募《おうぼ》資格がない」と判断されるものを次の**ア**～**エ**から一つ選び、記号で答えなさい。

ア　六十歳《さい》以上である　　**イ**　体重が百キログラム以上ある

ウ　昨年初めて社会人になった　　**エ**　プログラミングができない

問七　オンライン通過者の状況《じょうきょう》について表した正しいグラフを次の**ア**～**ウ**の中から一つ選び、記号で答えなさい。

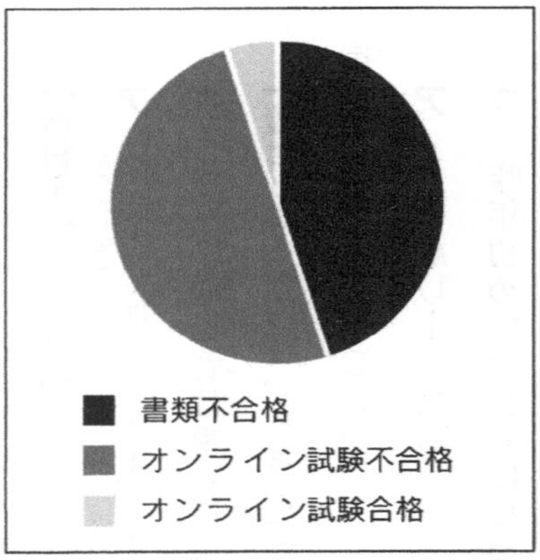

ア　応募者と通過者の状況

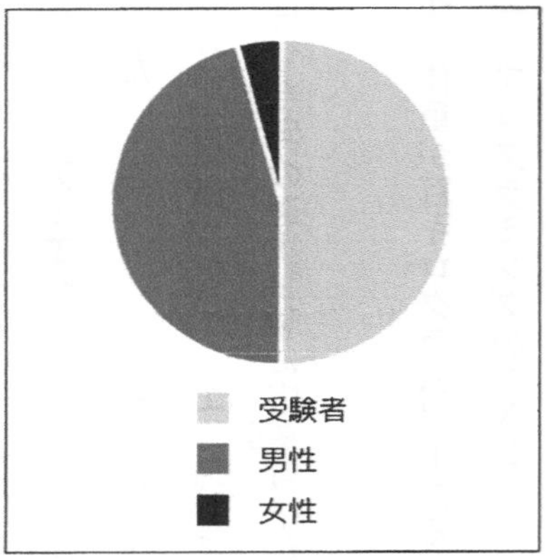

イ　通過者の男女別の状況

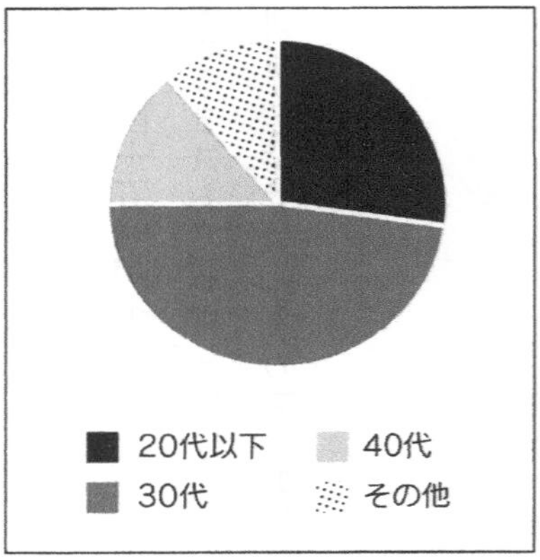

ウ　通過者の年代別の状況

問八　次の文章は過去に宇宙飛行士試験を受験した内山さんの文章です。この文章を読んで、後の問いに答えなさい。

（内山崇《たかし》「宇宙飛行士選抜試験」株式会社コルク）

問　――線部④「『宇宙に行きたい』と『宇宙飛行士になりたい』」の違いについて、筆者はどう考えていますか。次の〈条件〉にしたがって説明しなさい。

〈条件〉①全体を八十字以上、百字以内で書くこと。
②「乗客」「パイロット」「目的」の三つの言葉を必ず使うこと。
③原稿《げんこう》用紙の正しい使い方にしたがって書くこと。ただし、書き出しは一マス目から書き、途中《とちゅう》での改行はしないこと。

二　次の文章を読んで、後の問いに答えなさい。**※字数指定のある問題は、句読点とかぎかっこは一字に数えます。**

皆さんは雑草を育てたことがあるだろうか。
雑草とは、勝手に生えてくるものであって、わざわざ雑草の種を播《ま》いて育てる(注1)酔狂《すいきょう》な人は少ないだろう。
私は雑草の研究をしているので、雑草を育てる。ところが、雑草というのは、いざ育てようと思うと、なかなか簡単ではない。
まず、種子を播いても芽が出ないのだ。
野菜や花の種子であれば、土に播いて水を掛《か》けてやれば、数日のうちには芽が出てくる。ところが、雑草の場合は土に播いて水を掛けてもなかなか芽が出てこない。そうこうしているうちに、播いてもいない雑草の方が芽を出してきてしまったりするから、難しい。

植物の発芽に必要な三つの要素は何だろうか?
教科書には、「水、酸素、温度」と書いてある。
そのため、暖かい時期に、土を㋐タガヤして空気が入りやすいようにしてから種子を播き、水を掛けてやれば、水と酸素と温度の三つが揃《そろ》って芽が出てくるのである。
ところが、雑草はこの三つの要素が揃っても芽を出さない。
それは、雑草が「休眠」という性質を持つからなのである。
「休眠」というと休眠会社や、休眠口座など、働いていないという良くないイメージがある。何しろ、「休眠」は「休む」「眠る」と書くのだ。
たくましい雑草の戦略《せんりゃく》が、「休む」「眠る」というのは、㋑ナサけないような気もするが、そうではない。「休眠」は雑草にとって、もっとも重要な戦略の一つなのである。

休眠は、すぐには芽を出さないという戦略である。

野菜や花の種子は、播けばすぐに芽が出てくる。野菜や花の種子は人間が適期を見定めて播いてくれる。そのため、すぐに芽を出すことが得策《とくさく》なのである。芽を出す時期は、人間が決めているのだ。

［Ⅰ］、①雑草の種子は発芽のタイミングを自分で決める必要がある。

雑草の種子が熟《じゅく》して地面に落ちたとしても、それが発芽に適しているタイミングとは限らない。たとえば、秋に落ちた種子が、そのまま芽を出してしまうと、やがてやってくる㋒キビしい冬の寒さで枯れてしまう。また、まわりの植物がうっそうと茂《しげ》っていれば、芽を出しても光が当たらずに枯《か》れてしまう。

いつ芽を出すかという発芽の時期は、雑草にとっては死活《しかつ》問題なのである。

もっとも、種子が落ちた時期と発芽に適した時期が異なるということは、雑草以外の野生植物にとっても重要な問題である。そのため、雑草を含む野生の植物は、種子が熟してもすぐには芽を出さない仕組みを持っている。この仕組みは「一次休眠（内生休眠《ないせいきゅうみん》）」と呼ばれている。

一次休眠は発芽に適する時期を待つための休眠である。たとえば、種皮が固くて水分や酸素を通さないようになっており、時間が経《た》つと皮がやわらかくなって酸素が通って芽を出すような「硬実種子《こうじつしゅし》」と呼ばれる種子もある。②アサガオの種子に、やすりやナイフで傷をつけると芽が出やすくなるのは、アサガオが硬実種子だからである。

また、春に芽が出る種子は、「春」という季節を感じて芽を出す。

種子が熟した秋も春と気温はよく㋓ニている。小春日和《こはるびより》という言葉があるように冬になっても、春のように暖かな日はある。種子はどのようにして、春であることを知るのだろう。

植物の種子が春を感じる条件は、「冬の寒さ」である。冬の低温を経験した種子のみが、春の暖かさを感じて芽を出すのである。

見せかけの暖かさは、やがて訪《おとず》れる冬の寒さの前触《ぶ》れに過ぎない。長く寒い冬の後にだけ本当の春がやってくる。だから種子は見せかけの暖かさにぬか喜びすることなく、ⓐじっと冬の寒さを待っているのである。冬の寒さ、すなわち低温を経験しないと発芽しない性質は「低温要求性」と呼ばれている。低温に耐《た》えるのでなく、低温を必要とし要求しているのである。

「③冬が来なければ本当の春は来ない」

何だか人生にも(注2)示唆《しさ》的な、種子の戦略である。

このように、時間が経った種子は休眠から覚《さ》めて芽を出そうとする。

しかし、雑草の種子は春だからといって芽を出せばよいという単純なものでもない。弱く小さな雑草の芽生えにとっては、いつ芽を出すかが生死を分ける。そのため、環境を複雑に読み取って、発芽のタイミングを計るのである。芽を出そうとしても、発芽には適さないかも知れない。そんなとき、雑草の種子は再び休眠状態になる。これは「④二次休眠（誘導休眠《ゆうどうきゅうみん》）」と呼ばれている。

人間でいえば、一度、目を覚ましたものの時計を見るとまだ早かったので二度寝してしまうような感じだろうか。その後、私たちがふとんの中で寝たり目が覚めたりを繰り返すように、雑草種子は、(注3)覚醒《かくせい》と二次休眠を繰り返しながら、発芽のチャンスを窺《うかが》っていくのである。

一方、覚醒して発芽できる状態になっても、発芽に必要な、水や酸素や温度がなければ種子は発芽しない。この状態を「環境休眠（強制休眠）」と言う場合がある。ただし、これは目を覚ましている状態であるため、本来の休眠ではない。

雑草の休眠の仕組みは極めて複雑であると言われている。

雑草は季節に従《したが》って規則正しく芽を出せば良いというものではない。雑草の生える環境《かんきょう》には㋔ヨソク不能な変化が起こる。春になったからといって発芽のチャンスだとは限らないし、いつ劇《げき》的なチャンスが訪れるかもわからない。そのため、雑草は一般《いっぱん》的な野生の植物よりも、より複雑な休眠の仕組みを持っているのである。

雑草を育てることの難しさは、芽が出ないことだけではない。[II]、結果的に芽が出たとしても、芽が出るタイミングがバラバラなのだ。

休眠は、雑草にとっては重要な性質である。しかし、雑草のやっかいなところは、同じ種であっても一粒一粒の休眠に差があることである。休眠したり覚醒したりというタイミングがまちまちで、ある種子が覚醒していても、別の種子は休眠していたりするのだ。

Ⅲ、種子から根や芽が出ることを「発芽」と言い、地面の上に芽が出てくることを「出芽」と言う。発芽のタイミングがバラバラだから、地面の上に出芽してくるのも一斉《いっせい》ではない。次から次へとだらだらと出芽してくるのである。

野菜や花の種子は、種を播けば一斉に芽が出てくる。どれだけの種子が発芽したかは「発芽率《はつがりつ》」で表されるのに対して、どれくらいそろって発芽したかは「発芽勢《はつがぜい》」という言葉で表現される。野菜や花の種子の発芽のタイミングがそろわないと、その後の成長もそろわなくなってしまう。そのため、栽培《さいばい》する植物にとっては、「そろう」ということがとても大切なのである。

しかし、雑草の種子は、できるだけ「そろわない」ことを大切にしている。

もし、野菜や花の種子のように一斉に出芽してきたとしたら、どうだろう。人間に草取りをされてしまえば、それで全滅《ぜんめつ》してしまう。そのため、わざとそろわないようにして、出芽のタイミングをずらし、次から次へと(注4)「不斉一発生《ふせいいつはっせい》」するようになっているのである。

バラバラであるという性質は、人間の世界では「個性」と呼ばれるものかも知れない。雑草の世界では個性がとても重要なのだ。

（稲垣栄洋『雑草はなぜそこに生えているのか』ちくまプリマー新書　筑摩書房）

【語注】

（注1）　酔狂―ふつうと変わったことを好む様子。

（注2）　示唆―こうすればよい、こういうことだ、などとそれとなく示すこと。

（注3）　覚醒―目がさめること

（注4）　不斉一発生―一斉に発生しないこと。

2023(R5) 真和中
K 教英出版

（このページは計算に使ってください。）

B

3 下の図のような正三角形ABCがあり，1cmごとに点が打ってあるものとします。最初は点A上に点P，点B上に点Q，点C上に点Rがあります。3点P，Q，Rは各頂点からスタートし，矢印の方向に進みます。点P，点Qは1秒後にそれぞれ1cm先の点に進み，点Rは1秒後に2cm先の点に進みます。これをくり返すとき，次の各問いに答えなさい。

(1) 点Rがスタートしてから9秒後にふたたび点Cに戻《もど》ってくるとき，正三角形ABCの1辺の長さを求めなさい。

(2) 点Rがスタートしてから3秒後にふたたび点Cに戻《もど》ってくるとき，点Rがはじめて点Pに重なるのはスタートして何秒後ですか。

(3) 正三角形ABCの1辺は(2)のときと同じ長さとします。点Qが点Bに2回戻《もど》ってくるまでの間に，三角形PQRが三角形ABCの面積の$\frac{1}{4}$になるのは何回ありますか。

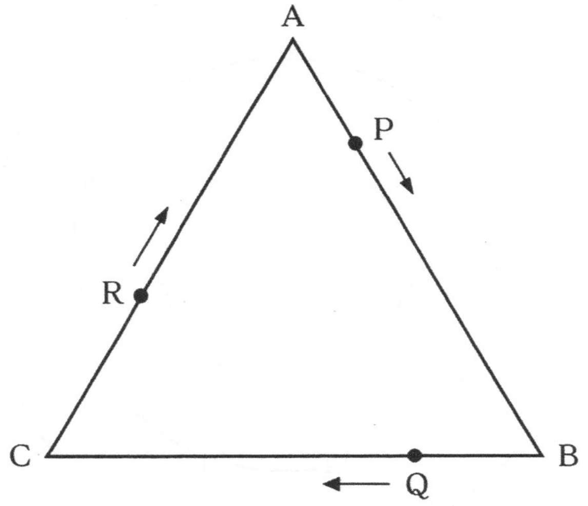

B

2 下の図のように，ある規則に従って数を 11 個ずつ円周上に並べます。一番内側の円から順に，1 周目，2 周目，…と呼ぶことにします。さらに，図のように時計回りに 1 番目，2 番目，…と呼ぶことにします。

例えば，1 周目の 2 番目の数は 5，2 周目の 9 番目の数は 22 です。

次の各問いに答えなさい。

(1) 4 周目の 6 番目の数は何ですか。

(2) 2022 は何周目の何番目の数ですか。

(3) 1 周目の 1 番目，2 周目の 2 番目，3 周目の 3 番目，…，11 周目の 11 番目の 11 個の数をすべて足すといくつになりますか。

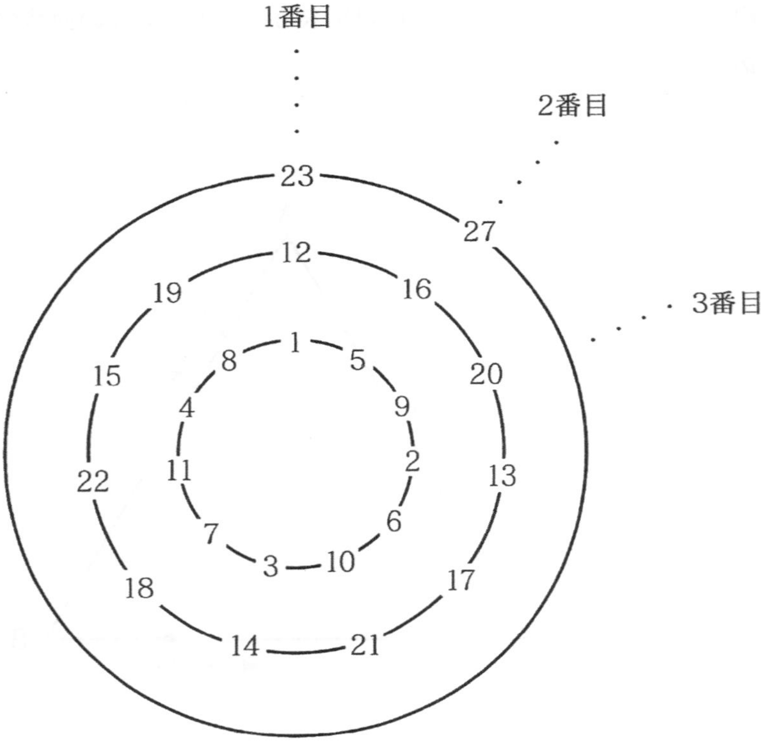

問4　下線部③について，ものが水にとける量には限度があります。100gの水にとけることができるものの量(g)を「よう解度」といいます。また，ものがとけるだけとけている水よう液のことを「ほう和水よう液」といいます。水よう液の温度を下げたり，水を蒸発させたりすると，とけることができる量が減り，とけきれなくなったものが固体として出てきます。**表1**は，ミョウバン，ほう酸，食塩，砂糖のよう解度を表しています。このよう解度は，2種類以上のものをとかしても，それぞれ1種類のものをとかしたときのよう解度と変わらないものとします。この表を参考に，以下の問いに答えなさい。割り切れないときは，小数第2位を四捨五入して，小数第1位まで答えなさい。

表1　よう解度（100gの水にとけることができるものの量(g)）

水の温度(℃)	0	10	20	30	40	50	60	70	80
ミョウバン(g)	3.0	4.0	5.9	8.4	11.7	17.0	24.8	40.0	71.0
ほう酸(g)	2.7	3.6	5.0	6.7	8.7	11.5	14.8	18.6	23.6
食　塩(g)	35.6	35.7	35.8	36.1	36.4	36.7	37.0	37.5	38.0
砂　糖(g)	179.2	190.5	203.9	220.0	233.1	260.4	287.3	320.5	362.1

(1)　4つのビーカーに80℃の水100gとミョウバン，ほう酸，食塩，砂糖をそれぞれ20gずつ加え，すべてとかしました。この4つのビーカーの水よう液を80℃から10℃まで冷やしていったときに固体として出てくるものの名前を，1番目から順番に答えなさい。ただし，固体が出てこないときは，解答らんにものの名前は書かず，×を書きなさい。また，すべてのビーカーは，同じ方法で冷やし，温度が下がる速さも同じであるとします。

(2)　砂糖100gをすべてとかすためには，30℃の水は何g必要ですか。

(3)　70℃でミョウバンのほう和水溶液を700gつくりました。その後，温度を20℃まで下げると，何gのミョウバンが出てきますか。

(4)　80℃の水100gにほう酸を20gとミョウバンを50g加えてよくかきまぜとかしました。その後，温度を20℃まで下げ，出てきた固体をすべてろ過しました。ろ過して得られた固体の重さのうち，ほう酸の重さは何%をしめていますか。

問５　下線部④について，文中の鉄と同じように，金属のなかまであるアルミニウムもうすい塩酸にとけて水素のあわが出てきます。以下の**A**，**B**および**C**の金属が混ざったものにうすい塩酸をそれぞれ十分に加えると，金属はすべてとけて，水素のあわが出てきました。このとき，時間と出てきた水素のあわの体積との関係は，**A**，**B**の金属では**図１**のようになりました。以下の問いに答えなさい。

A　アルミニウム　0.20ｇ
B　鉄　0.20ｇ
C　アルミニウム 0.30ｇと鉄 0.50ｇが混ざったもの

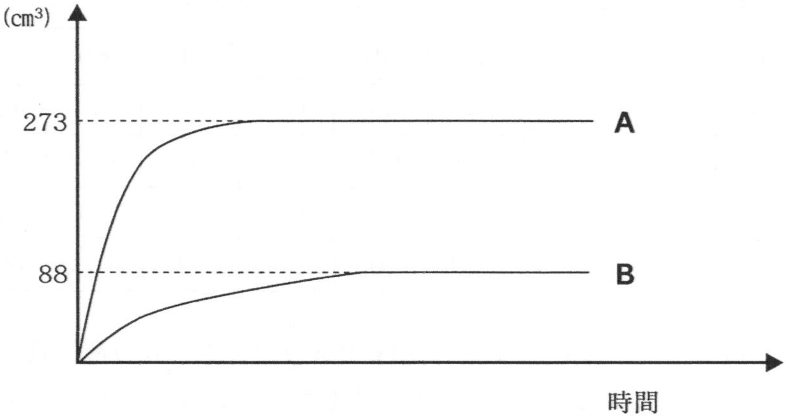

図１

(1)　**C**の金属が混ざったものが全部とけたとき，出てくる水素のあわの体積は何cm³ですか。小数第１位を四捨五入して整数で答えなさい。

(2)　気体1000cm³が出てくるために必要な金属の量が多いのは，アルミニウム，鉄のどちらですか。金属の名前を答えなさい。

(3)　(2) で答えた金属について，気体1000cm³が出てくるために必要な金属の重さは何ｇですか。小数第２位を四捨五入して，小数第１位で答えなさい。

3 次の文章を読んで下の**[実験1]**～**[実験3]**についての問いに答えなさい。答えが割り切れない場合は小数第２位を四捨五入して，小数第１位で答えなさい。

[実験 1]

図 1 のように，ばねにつるしたおもりの重さを変えて，おもりの重さとばねの長さの関係を調べた結果を**図 2** のグラフで示しました。ただし，このばねは重さがなく，どのような重さのおもりでも伸び切れることはありません。

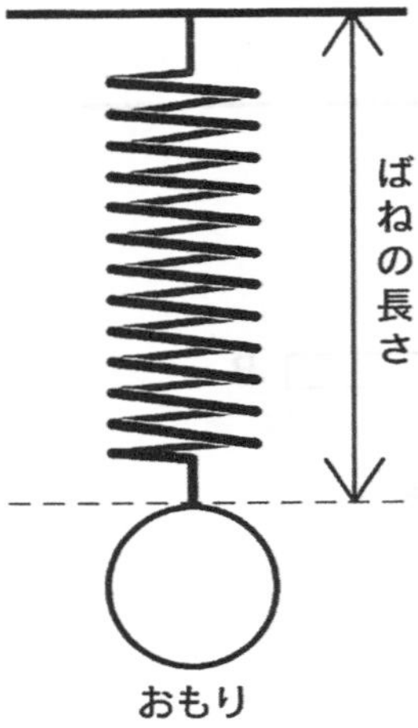

図 1

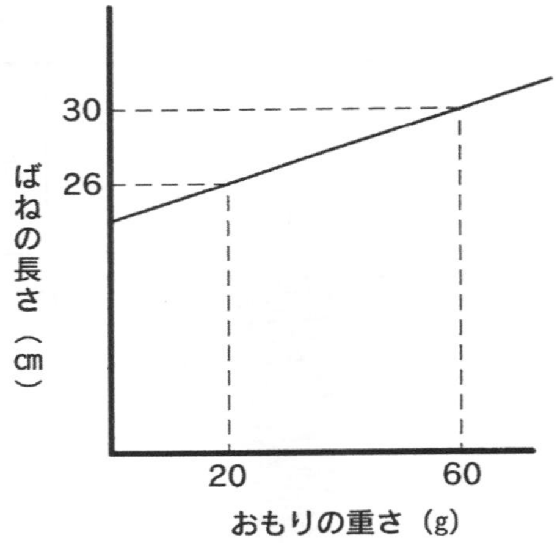

図 2

問 1　おもりをつるしていないときのばねのもともとの長さは何cmですか。

問 2　おもりを 80 g にしたときのばねの長さは何cmですか。

問 3　ばねの長さが 28 cmのときのおもりの重さは何 g ですか。

[実験 2]

長さ100cmのとても軽い棒**AB**の中心**O**を糸でつるしています。これに**[実験 1]**で使ったばねの一方の端を棒**AB**上の点**P**に取り付け，ばねのもう一方にはいろいろな重さの物体を取り付けます。これにおもりを点**Q**で棒**AB**に取り付けたところ，**図3**のように棒**AB**は水平となりました。点**P**と点**Q**の位置は棒**AB**上を自由に移動できます。また，棒**AB**と糸の重さはないものとします。

次のように物体とおもりの重さや点**P**，点**Q**の位置を変えて実験しました。このとき，棒**AB**は水平で，ばねは棒**AB**に対して垂直です。

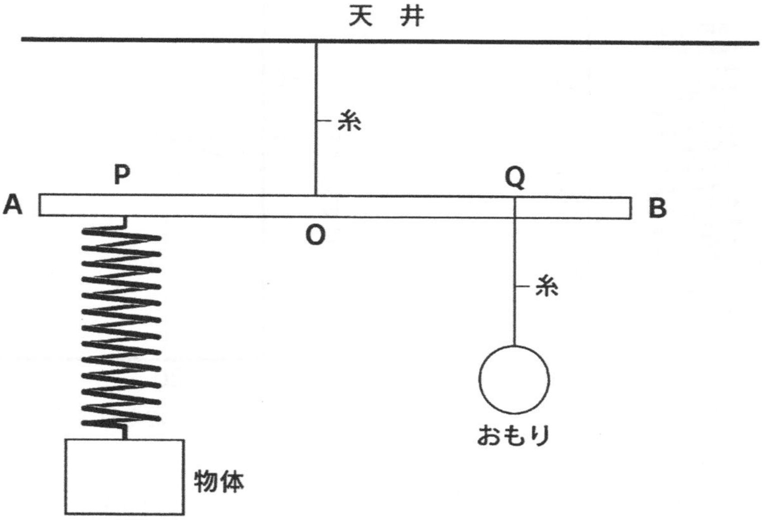

図3

問4　重さ50gのおもりを**OQ**＝30cmのところに取りつけたとき，点**P**を棒の端の点**A**にしたときの物体の重さは何gですか。

問5　ばねの長さが36cm，**OP**＝30cmであるとき，点**Q**を棒の端の点**B**にしたときのおもりの重さは何gですか。

問6　ばねの長さが32cm，**OP**＝40cmであるとき，重さ64gのおもりをつるしたときの**OQ**の長さは何cmですか。

問7　重さ72gのおもりを**OQ**＝30cmでつるしたとき，ばねの長さが34cmであるときの**OP**の長さは何cmですか。

[実験 3]

[実験 2] で使ったばねを棒**ＡＢ**の点**Ｒ**で取りつけました。次に，長さ 50㎝でとても軽い棒**ＣＤ**を点**Ｓ**で糸を取りつけました。これに，おもり１～３を**図４**のように棒の端**Ａ**，**Ｃ**，**Ｄ**に取りつけたところ，棒**ＡＢ**と棒**ＣＤ**は水平となりました。このときのばねの長さは 44㎝で，**ＡＲ**＝20㎝，**ＣＳ**＝40㎝となりました。棒**ＡＢ**と棒**ＣＤ**，糸の重さはないものとします。

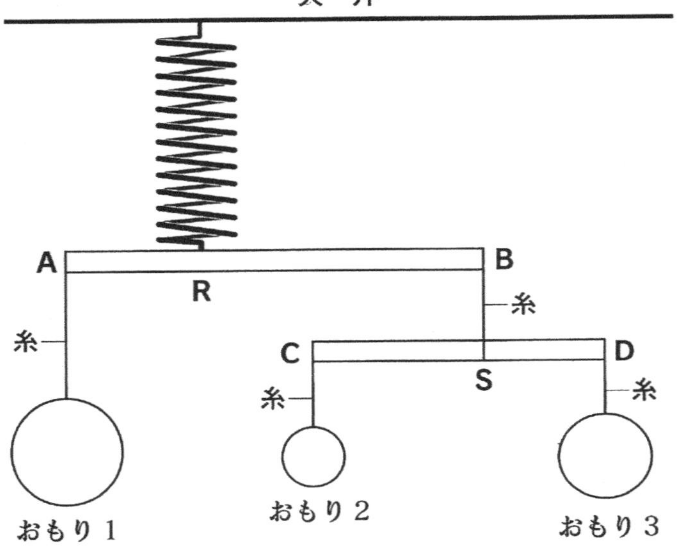

図４

問８　このときのおもり１～３の重さをそれぞれ求めなさい。

2023(R5) 真和中
K 教英出版

(2)　江戸時代から明治初年の1871年に廃藩置県が実施されるまで、仙台藩を統治していたのは外様大名の（　　　）でした。

ア　浅井氏　　**イ**　上杉氏　　**ウ**　伊達氏　　**エ**　朝倉氏

(3)　徳川家康が子の秀忠に将軍職を譲り移り住んだ駿府は、（　　　）に敗れた今川義元の生誕地でもありました。

ア　長篠の戦い　**イ**　関ヶ原の戦い　**ウ**　富士川の戦い　**エ**　桶狭間の戦い

(4)　1854年の和親条約、4年後の修好通商条約と最初に調印し日本を開国させたアメリカでしたが、1861年に（　　　）が起こったことで日本との貿易額は伸びませんでした。

ア　第一次世界大戦　**イ**　アヘン戦争　**ウ**　朝鮮戦争　**エ**　南北戦争

(5)　水俣病の公式確認から9年後、1965（昭和40）年には（　　　）流域でもメチル水銀中毒による公害病が確認されました。

ア　神通川　　**イ**　阿賀野川　　**ウ**　大淀川　　**エ**　渡良瀬川

問4　下線部②の年の出来事に関して述べた次の文**A～D**について、正しいものの組合せを、あとの**ア～エ**から1つ選び、**その記号**で答えなさい。

A　アジアにおける最初の冬季オリンピックが長野で開かれました。
B　祖国復帰運動などの努力が実って、沖縄が日本に返還され沖縄県となりました。
C　日中共同声明が発表されて、中華人民共和国との国交が正常化されました。
D　日韓基本条約が結ばれて、大韓民国との国交が正常化されました。

ア　A・C　　**イ**　A・D　　**ウ**　B・C　　**エ**　B・D

問5　下線部③の近くに建設され、1901（明治34）年に操業を始めた官営の製鉄所を答えなさい。

問６　下線部④の出来事を正しく述べた文を、次の**ア〜エ**から１つ選び、**その記号**で答えなさい。

ア　貴族院議員の田中正造は、足尾銅山の操業停止と被害にあった人びとの救済を、国会で何度もうったえました。

イ　『君死にたまふことなかれ』の詩は、戦地にいる弟を思い、戦争に反対する気持ちをも表して与謝野晶子がよみました。

ウ　旅順の戦いで日本軍を率いロシアの艦隊を破った乃木希典は、戦争を勝利に導いた英雄とされました。

エ　赤痢菌を発見し、その治療薬をつくることに成功した野口英世は、原因不明の黄熱病の調査研究中に亡くなりました。

問７　下線部⑤の年、日本に古くから住む人びとが先住民として権利を訴え続けてきたことが認められ、1899（明治 32）年に制定された「北海道旧土人保護法」に代わる法律として、「［4］文化の振興並びに［4］の伝統等に関する知識の普及及《およ》び啓発《けいはつ》に関する法律」（通称「［4］文化振興法」）が制定されました。

文章中の［4］にあてはまる語句を答えなさい。

問８　下線部⑥について、1637 年、島原・天草で３万数千人もの人びとが一揆を起こした理由について、次の文章中の［5］・［6］にあてはまる語句を、それぞれ答えなさい。

「領主による［5］の取り立てと、［6］に対する厳しい取締りに反対したのでした。」

問９　下線部⑦について、政府は富国強兵をめざして殖産興業に力を注ぎました。これに関して述べた次の文**Ａ**・**Ｂ**について、その正誤の組合せとして正しいものを、あとの**ア〜エ**から１つ選び、**その記号**で答えなさい。

Ａ　徴兵令では、北海道の開拓と北方の警備を目的に、３年間屯田兵になることも定めました。

Ｂ　重要な輸出品である綿糸の生産拡大のため、群馬県の富岡に官営の紡績場を建設しました。

ア　Ａ：正　Ｂ：正　　**イ**　Ａ：正　Ｂ：誤

ウ　Ａ：誤　Ｂ：正　　**エ**　Ａ：誤　Ｂ：誤

問10　下線部⑧について、1877(明治 10)年、政府に不満を持つ士族が西郷隆盛を指導者に、政府軍の拠点となる熊本城をめざして鹿児島を出発し、約半年のあいだ各地で政府軍と戦いました。水俣での約１ヶ月に及ぶ戦闘も含めた、この士族の反乱を何といいますか。

問11　下線部⑨の年、日本はある国際機関への加盟が認められて国際社会に復帰しました。この国際機関の**正式名称**を答えなさい。

問12　下線部⑩について、1950 年代末からの高度成長初期には、白黒テレビ・電気洗濯機・電気冷蔵庫が国民生活の豊かさやあこがれの象徴として「 7 」と呼ばれ、国民に広まっていきました。 7 にあてはまる**５文字**を答えなさい。

問13　次の資料６は、熊本市民にとって憩いの場ともなっている「立田山」「金峰山」「花岡山」について、４人でまとめたものです。これに関して、あとの(1)～(7)に答えなさい。

資料６

<table>
<tr><td>立田山（標高 151.7 m）</td><td>金峰山（標高 665.0 m）</td><td>花岡山（標高 132.2 m）</td></tr>
<tr><td colspan="3">大型カルデラと外輪山を持つ活火山の阿蘇山（標高 1592m）よりも歴史は古く、約 100 万年前から少しずつ形成されたものです。今は活動していないカルデラ式火山の中央に位置する一ノ岳《いちのたけ》が一般に金峰山と呼ばれるもので、20 万年から 15 万年前の噴火で出来た溶岩ドームのことです。また、金峰山とは立田山や花岡山を含む外輪山の山の総称でもあります。</td></tr>
<tr><td>古くから人が住んでいたことを示す、縄文・弥生・古墳時代の遺跡が出土しています。
古くは黒髪《くろかみ》山と呼ばれていましたが、平安時代に立田山と変更されたとの説があります。
1636 年
熊本藩主の母である細川ガラシャをまつる寺が建てられました。</td><td>大きな岩がいくつもあり、古くは人びとの祈りの場ともなっていたようです。
1643 年
熊本藩主に招かれ熊本に移り住んだ 8 が、山中の洞窟で『五輪の書』を書き始めました。
1906 年
9 が小説『草枕』を発表しました。</td><td>JR 熊本駅に近く、1869 年に桜の木を植樹してから、花岡山と呼ぶようになりました。
1876 年
キリスト教を日本に広めようと熊本バンドが結成されました。
1953 年
世界平和の祈願をこめた仏舎利塔《ぶっしゃりとう》が建設されました。</td></tr>
</table>

(1)　縄文時代の終わりには、米づくりが行われていたことを示す、福岡県にある遺跡名を答えなさい。

(2)　熊本県の江田船山古墳と、埼玉県の稲荷山古墳から出土した刀剣にきざまれていた、大和朝廷の首長の呼び名を**漢字２文字**で答えなさい。

(3)　平安時代、肥後国の国司が立田山と呼んだとされる説もあります。その国司の娘で『枕草子』を書いた人物を答えなさい。

(4)　細川ガラシャの父親は、本能寺で織田信長をたおした武将です。その武将を答えなさい。

(5)　［ **8** ］・［ **9** ］にあてはまる人物の組合せとして正しいものを、次の**ア～エ**から１つ選び、**その記号**で答えなさい。

ア　［ **8** ］大塩平八郎　　［ **9** ］大隈重信
イ　［ **8** ］大塩平八郎　　［ **9** ］夏目漱石
ウ　［ **8** ］宮本武蔵　　［ **9** ］大隈重信
エ　［ **8** ］宮本武蔵　　［ **9** ］夏目漱石

(6)　1549 年、日本にキリスト教を伝えたフランシスコ・ザビエルが生まれた国を、次の**ア～エ**から１つ選び、**その記号**で答えなさい。

ア　フランス　　**イ**　スペイン　　**ウ**　イギリス　　**エ**　オランダ

(7)　仏舎利塔とは、インドに生まれて仏教を開いたシャカの遺骨や遺灰などを納《おさ》めた塔のことで、花岡山にはインドの首相から贈られた仏舎利が納められています。6 世紀の初め、聖徳太子（厩戸王）と協力して仏教を重んじる政治改革に取り組んだ豪族を、次の**ア～エ**から１つ選び、**その記号**で答えなさい。

ア　物部氏　　**イ**　中臣氏　　**ウ**　蘇我氏　　**エ**　大伴氏

[4] 次の文章を読んで、あとの問いに答えなさい。

日本国憲法は、[1] の尊重、国民主権、平和主義の３つを原則としています。[1] は国民のすべてに保障されており、人が生まれながらにもっているおかすことのできない権利です。[1] の尊重により、われわれはさまざまな①国民の権利が認められています。例として、憲法 25 条の健康で [2] 的な生活を営む権利を保障した生存権、憲法 26 条の教育を受ける権利などがあげられます。

国民主権が定められていることから、現在の日本では、国民に国の政治を進める主権があります。戦前に主権を持っていた [3] は、戦後では、政治に関する権限を持っていません。[3] は、②国事行為を内閣の [4] と承認にもとづき、おこないます。

平和主義については、憲法９条に記されています。③この憲法９条では、武力で外国との戦争を解決しない、そのための戦力をもたないなどが定められています。

問１　文章中の [1] ～ [4] にあてはまる語句を、それぞれ答えなさい。

問２　下線部①について、憲法 22 条で**保障されていないもの**を、次の**ア～エ**から１つ選び、**その記号**で答えなさい。

ア　移転の自由　　　　**イ**　職業選択の自由
ウ　居住の自由　　　　**エ**　言論や集会の自由

問３　下線部②に**あてはまらないもの**を、次の**ア～エ**から１つ選び、**その記号**で答えなさい。

ア　法律、条約、憲法改正などを公布します。
イ　憲法改正の発議をおこないます。
ウ　国会を召集します。
エ　勲章《くんしょう》などを授与します。

問４　下線部③について、日本には安全を保つために、防衛組織として自衛隊が設置されています。この自衛隊に関する文章として正しいものを、次の**ア～エ**から１つ選び、**その記号**で答えなさい。

ア　自衛隊を管理・運営しているのは国土交通省です。
イ　自衛隊を管理・運営しているのは外務省です。
ウ　2011年に発生した阪神淡路大震災の際に、救援活動をおこないました。
エ　国の支出の中で防衛の費用は、全体の１％をこえています。

5　次の各問いに答えなさい。

問１　立法に関して、次の（1）・(2）に答えなさい。

（1）　民法の改正により、2022年４月１日から、選挙で投票する権利は、何才以上の国民に認められるようになりましたか、答えなさい。

(2)　2022年７月10日（日）に行われた選挙で選出された議員は、衆議院と参議院のどちらですか、答えなさい。

問２　行政に関して、次の（1）・(2）に答えなさい。

（1）　内閣府に属さない組織を、次の**ア～エ**から１つ選び、**その記号**で答えなさい。

ア　総務省　　　　**イ**　国家公安委員会
ウ　公正取引委員会　　**エ**　金融庁

(2)　新型コロナ感染者数は、国民の健康や労働などを主に担当する省によって発表されています。この省の名称を答えなさい。

問３　司法に関して、次の（1）・（2）に答えなさい。

（1）　原告という法律用語は、どのような人間をさしていますか。裁判の様子を描いた次の図を参考にして、説明しなさい。

（東京法令出版　政治・経済資料より）

（2）　九州に設置されている高等裁判所が立地する都道府県名を答えなさい。

問４　財政に関して、次の（1）・（2）に答えなさい。

（1）　予算や財政などに関する仕事を主に担当する省の名称を答えなさい。

（2）　国の収入のうち占める割合が一番多いものを、次の**ア～エ**から１つ選び、**その記号**で答えなさい。

ア　所得税　　**イ**　消費税　　**ウ**　法人税　　**エ**　公債

問六

問七

問八

A

B

問九

三

問一

㋐

㋑

㋒

㋓

㋔

㋕

㋖

問二

ⓐ

ⓑ

ⓒ

問三

問四

(i)

(ii)

問五

問六

問七

問八

令和5年度　奨学生・専願生入学試験問題解答用紙

真和中学校

算　数

受験番号	

得点	※150点満点（配点非公表）

A

ア	イ	ウ	エ	オ	カ	キ

ク	ケ	コ	サ	シ	ス
	km		円	通り	cm^2

B
1

(1)	(2)	(3)
(求め方)	(求め方)	(求め方)

【解答用

令和5年度　奨学生入学試験問題解答用紙

理　科

真和中学校

受験番号	

総得点	※100点満点 （配点非公表）

1

問　1			
A	B	C	D
Dにひだがある理由			

問　2	問　3		問　4
	下線部② 神 経	下線部③ 神 経	

問　5	
(1)	(2)

問　6		
(1) g	(2)	(3) g

小　計

【解答用

令和5年度

奨学生入学試験問題解答用紙

社　会

真和中学校

受験番号	

総得点	※100点満点（配点非公表）

1

問1	経　　度	問2	大陸	問3	洋		
問4		問5	(1)	(2) 大統領			
問5	(3) 半島	問6	(1)	①	②	③	
問6	(2)						

2

問1	A	B	C	D
問2	A	B	C	D
問3	島	問4		問5
問6	(1) 工業地域	(2)		

3

問1	A	B	問2	1	2	3	
問3	(1)	(2)	(3)	(4)	(5)		

問7	4	問8	5	6	
問9		問10		問11	
問12		問13	(1) 遺跡	(2)	
問13	(3)	(4)	(5)		
	(6)	(7)			

4

問1	1	2	3		
	4				
問2		問3		問4	

5

問1	(1) 才以上	(2)
問2	(1)	(2) 省
問3	(1)	
	(2)	
問4	(1) 省	(2)

a	b	c	d	

問　3

問　4		
(1) 1番目　　2番目　　3番目　　4番目		
(2) g	(3) g	(4) %

問　5		
(1) cm^3	(2)	(3) g

3

問　1	問　2	問　3	問　4	問　5
cm	cm	g	g	g
問　6	問　7	問　8		
cm	cm	おもり1 g	おもり2 g	おもり3 g

小　計

2

(1)	(2)	(3)
(求め方)	(求め方) 周目　番目	(求め方)

3

(1)	(2)	(3)
(求め方) cm	(求め方) 秒後	(求め方) 回

令和五年度　奨学生・専願生入学試験解答用紙

真和中学校

国語

受験番号

総得点

※150点満点
（配点非公表）

一

問一

問二

問三

問四

問五

問六

問七

問八

八十字

二

問一　㋐　㋑　㋒　㋓　㋔

問二

問三

問四　Ⅰ　Ⅱ　Ⅲ

問五

だから。

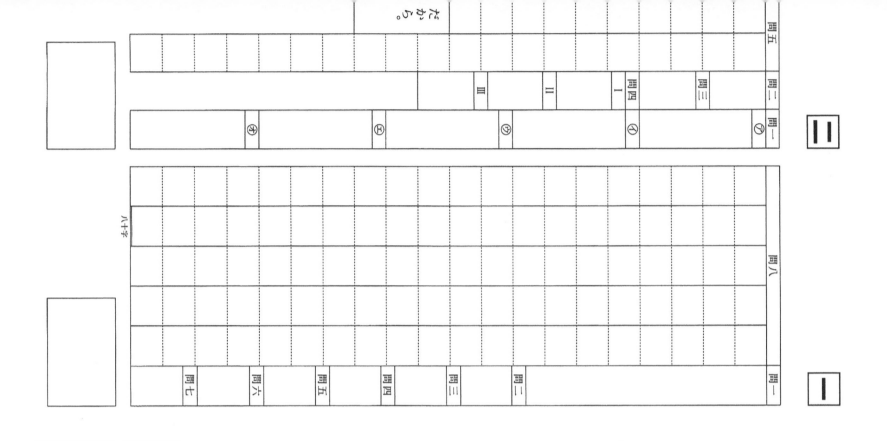

資料５

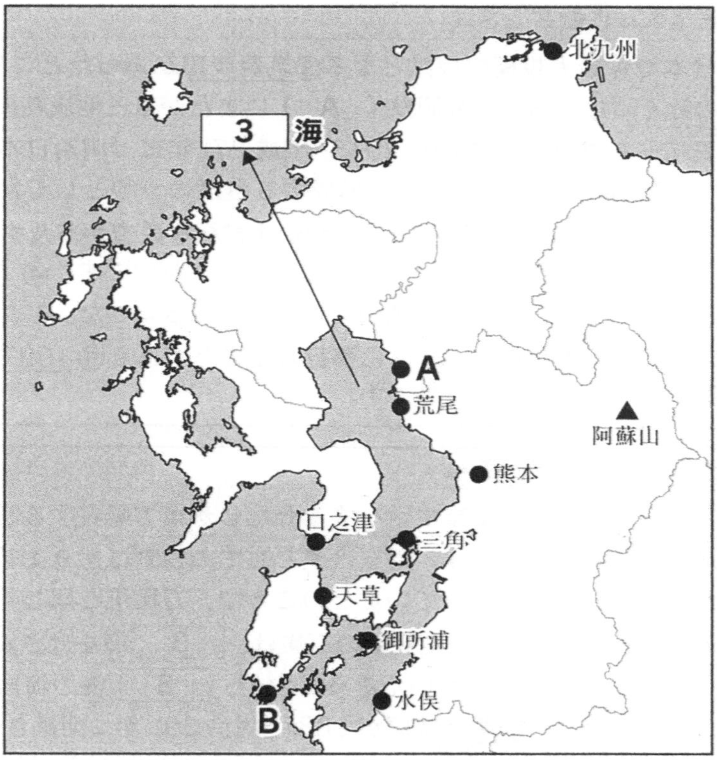

問１　（ **A** ）・（ **B** ）にあてはまる都市を、次の**ア～ク**からそれぞれ選び、**その記号**で答えなさい。

ア　佐世保市　　**イ**　久留米市　　**ウ**　伊万里市　　**エ**　大牟田市
オ　人吉市　　**カ**　牛深市　　**キ**　玉名市　　**ク**　山鹿市

問２　［ **1** ］～［ **3** ］にあてはまる語句を、**それぞれ漢字２文字**で答えなさい。

問３　下線部①について、次の文は政令指定都市である (1) 堺市、(2) 仙台市、(3) 静岡市、(4) 横浜市、(5) 新潟市に関係する歴史を述べたものです。（　　　）にあてはまる語句を、それぞれあとの**ア～エ**から選び、**その記号**で答えなさい。

(1)　日明貿易や南蛮貿易で大いに栄えた港町でしたが、近江の（　　　）とともに鉄砲の大量生産地でもありました。

ア　国友　　**イ**　水戸　　**ウ**　下田　　**エ**　新居

資料２　荒尾市に住む井上さん

北九州は日本でも最大規模の炭鉱となる③筑豊炭田があったところですよね。わたしの家の近くには、お隣の福岡県（　A　）にまたがる三池炭鉱の中心的存在であった万田坑《まんだこう》があります。ここが2015（平成27）年に「明治日本の産業革命遺産 製鉄・製鋼、造船、石炭産業」を構成する資産の一つとして世界文化遺産に登録されました。［ 1 ］の力を用いて動かす機械や鉄道が普及することで、燃料となる石炭が必要とされ、炭鉱開発が活発となったのです。④1900年代前半に採炭は最盛期を迎え日本の重工業の発達を支えてきました。しかし、世界のエネルギーの主役が石炭から［ 2 ］に移行したこともあり⑤1997（平成9）年に万田坑は閉山となってしまったのです。

資料３　天草市に住む本田さん

世界遺産と言えば、熊本市で寮生活をするわたしが車で帰省する時、必ず立ち寄るのが宇城市《うきし》三角町《みすみまち》の西港です。現在は港としての役割はありませんが、明治の港湾施設が完全な形で保存されているとのことで、万田坑と同じく世界文化遺産に登録されています。当時の三池炭鉱の石炭は、［ 3 ］海をはさんだ⑥長崎県島原市の口之津《くちのつ》港から積み出していたそうですが、［ 3 ］海の海底は浅く大型船の出入りが困難なため、⑦明治政府が1887（明治20）年に開港させました。1893年から9年間は、中国の上海《しゃんはい》へも輸出していたそうです。しかし、1899年に現在のJR三角《みすみ》線が開通したこともあり東港が栄え、西港はその役割を終えたのだそうです。さらに、今では天草市へは車で移動可能となり、八代港や熊本港が整備されたこともあって、東港も以前の活気は見られなくなりました。

資料４　水俣市に住む中村さん

八代海（不知火《しらぬい》海）に面して海山の幸に恵まれ、天草の島々を臨む水俣も以前は海上交通が盛んで、ハイヤ祭りで知られる天草の（　B　）との定期便もあったそうです。今では「恐竜の島」を掲げる御所浦《ごしょうら》との間で海上タクシーが運航するのみで、水俣港も寂しくなったそうです。陸路では新幹線の開通で、⑧鹿児島や熊本への通勤・通学が可能となり、わたしも熊本市へ通学しています。また、南九州西回り自動車のインターチェンジも開通し、八代方面への移動時間が大幅に短縮されました。少子化・高齢化が進む日本にあって、水俣の人口減少は特に著しく、⑨1956（昭和31）年の5万人超えをピークに、今では2万3千人を割り込んでいます。その原因は⑩高度経済成長期に京阪神・北九州へと多くの労働力が流出したことで、さらに水俣病問題の発生もあったからです。

その後、水俣病を教訓に「環境モデル都市づくり」を進め、2020（令和2）年には、優れたSDGsの取組を提案する地方自治体として「SDGs未来都市」に選ばれています。

問２　**A～D**の半島の名称を、次の**ア～カ**からそれぞれ選び、**その記号**で答えなさい。

ア　房総半島　　**イ**　大隅半島　　**ウ**　知床半島

エ　能登半島　　**オ**　紀伊半島　　**カ**　男鹿半島

問３　資料３の**X**の島の名称を答えなさい。

問４　資料１の**E**で生産される伝統的工芸品として正しいものを、次の**ア～エ**から１つ選び、**その記号**で答えなさい。

ア　南部鉄器　　**イ**　高岡銅器　　**ウ**　会津塗　　**エ**　輪島塗

問５　下線部①の伝統行事を何といいますか。

問６　下線部②について、次の(1)・(2)に答えなさい。

(1)　資料４の**Y**の工業地域の名称を答えなさい。

(2)　上記(1)で生産がさかんな工業を、次の**ア～エ**から１つ選び、**その記号**で答えなさい。

ア　機械　　**イ**　金属　　**ウ**　化学　　**エ**　せんい

3　熊本市内の中学校に進学した村上さん、井上さん、本田さん、中村さんは、グループ学習として「故郷を語《かた》る」をテーマに学習を進めることになりました。次の資料１～４は、その学習の中で４人の会話をまとめたものです。資料５の地図も見ながら、あとの問いに答えなさい。

資料１　熊本市に住む村上さん

約74万人が住む熊本市は、九州では福岡市・北九州市についで３番目に人口が多い都市です。熊本県の県庁所在地で、①全国に20市ある政令指定都市の一つで、日本最南端となります。②1972(昭和47)年の熊本市議会では「森の都」と称することが公式に決定され、緑の遺産としてこれを引き継ぐための保存活動も積極的に行われています。市内中心部では多くの樹木を見ることができ、「立田山《たつたやま》」「金峰山《きんぽうざん》」「花岡山《はなおかやま》」を望むこともできます。

2　次の**A～D**の文章は、日本の各地域の半島の特徴を説明したものです。また、下の資料１～４は、**A～D**の文に対応する半島の位置を示しています。文章と資料を見て、あとの問いに答えなさい。

A　北海道の東端に位置し、オホーツク海に突き出ています。雄大な自然と希少な動植物が見られ、2005 年に世界自然遺産に登録されました。

B　秋田県北西部にあり、日本海に突き出ています。この地域では、①大みそかの晩に、仮面をつけて藁《わら》の衣装をまとった男性が、神の使いとして各家庭をまわる伝統行事があります。

C　半島の大半が石川県に属し、日本海に突き出ています。江戸時代は北前船など日本海交易の中継地となり、独特な文化を形成しました。

D　千葉県中南部に位置し、②東京湾に面しています。半島の東側には九十九里浜があり、日本最大級の砂浜海岸です。

資料１

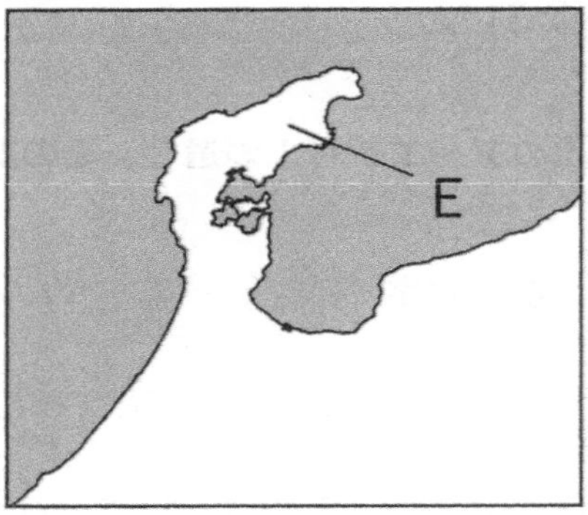

資料２

資料３

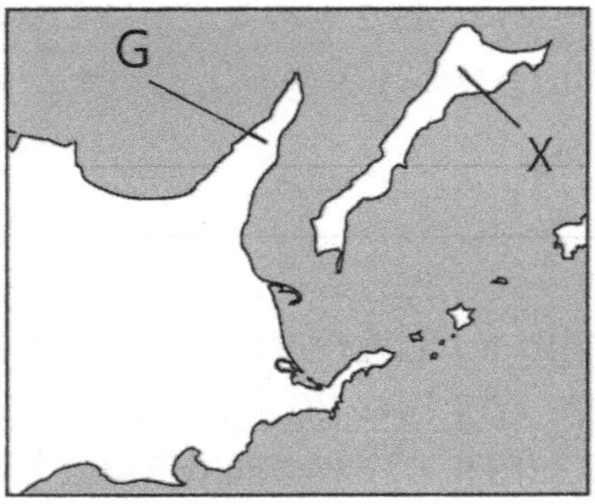

資料４

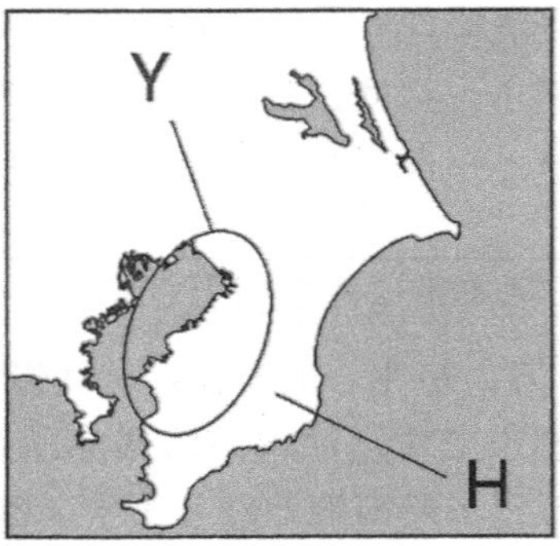

問１　**A～D**の半島の位置をあらわしたものを、資料１～４の**E～H**からそれぞれ選び、**その記号**で答えなさい。

問６　次の３つの表は、トウモロコシの生産量・輸出量・輸入量を国別に示したものです。あとの（1）・（2）に答えなさい。

（1）　表中の①～③にあてはまる国を、あとの**ア～エ**からそれぞれ選び、**その記号**で答えなさい。

国　名	生産量（千トン）
①	360,252
②	260,670
ブラジル	103,964
アルゼンチン	58,396
③	30,290

国　名	輸出量（千トン）
①	51,839
アルゼンチン	36,882
ブラジル	34,432
③	27,952
ルーマニア	5,651

国　名	輸入量（千トン）
メキシコ	15,953
日本	15,770
ベトナム	12,145
韓国	11,664
②	11,294

（FAOSTAT 2020 年）

ア　ウクライナ　　　　**イ**　アメリカ合衆国
ウ　インドネシア　　　**エ**　中華人民共和国

（2）　表中の②は生産量も輸入量も多いことがわかります。それはなぜですか。簡単に説明しなさい。

問４　次の国旗**ア～エ**には、星が描かれています。南半球に位置する国をあらわした国旗を、次の**ア～エ**から１つ選び、**その記号**で答えなさい。

ア

イ

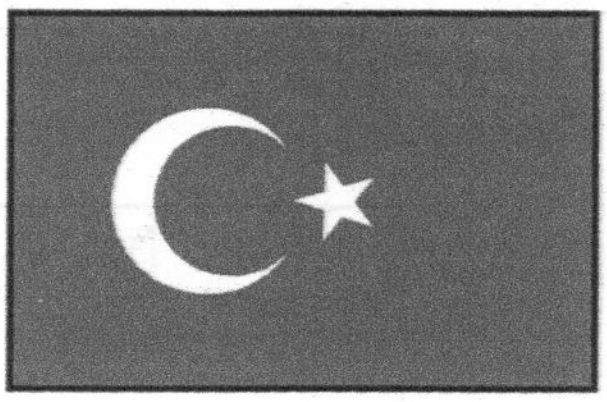

ウ

エ

問５　ウクライナについて、次の (1) ～ (3) に答えなさい。

(1)　ウクライナと隣《とな》り合う国として**あやまっているもの**を、次の**ア～エ**から１つ選び、**その記号**で答えなさい。

ア　ロシア　　　**イ**　ポーランド　　　**ウ**　ドイツ　　　**エ**　ルーマニア

(2)　2022年２月、ウクライナに侵攻を開始したロシアの大統領の名前を答えなさい。

(3)　2014年にロシアに併合《へいごう》された、次の図中の○で囲まれた半島名を答えなさい。

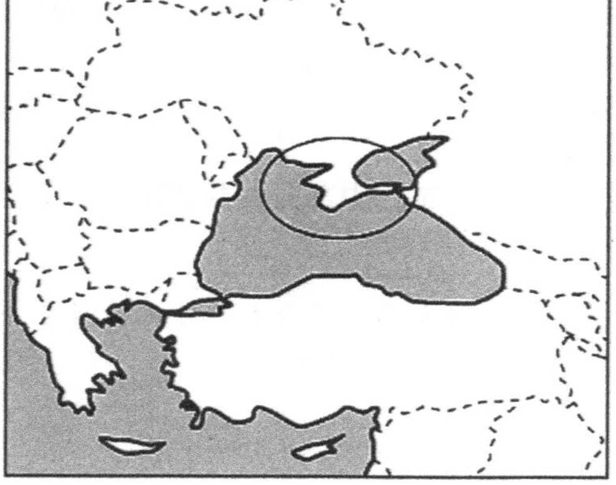

1　次の地図を見て、あとの問いに答えなさい。

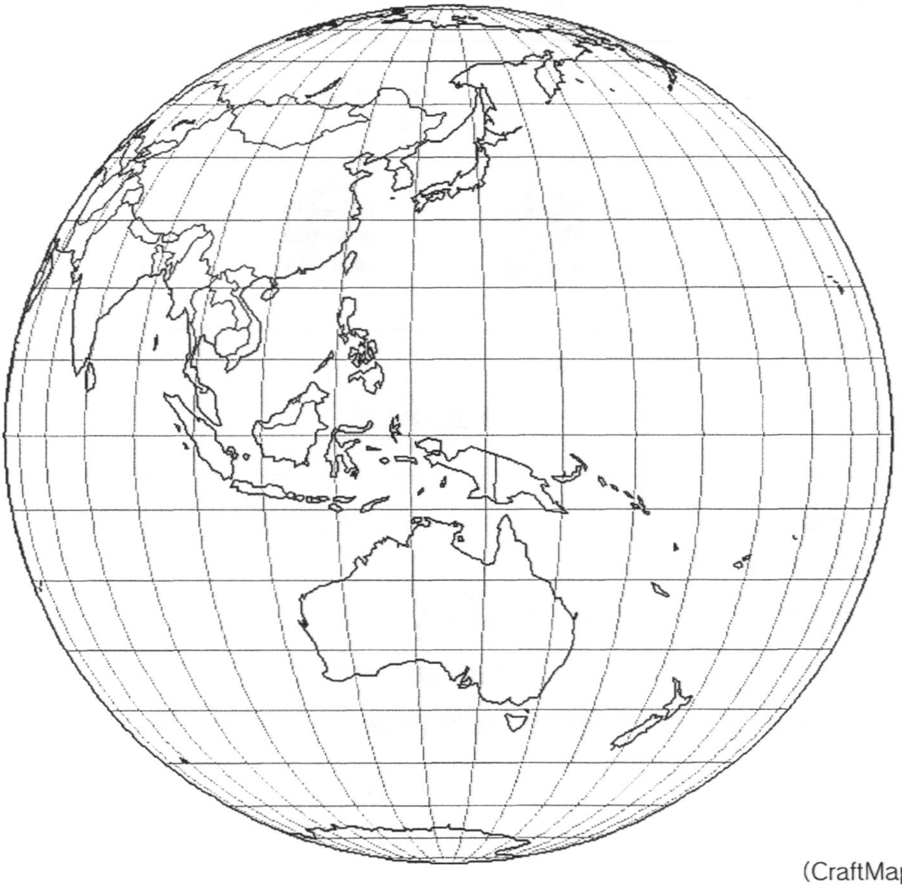

(CraftMap)

問１　兵庫県明石市を通る経線は、標準時子午線とよばれ、日本時間の基準となっています。この経度は何度ですか。東経か西経を明らかにして答えなさい。

問２　次の文中の［　　　］にあてはまる語句を答えなさい。

> 日本の標準時子午線を通る大陸は、ユーラシア大陸、南極大陸、［　　　］大陸です。

問３　地図中に**描かれていない大洋**を答えなさい。

令和５年度

中学　奨学生

社　会

受験上の注意

1　試験問題は，２ページから15ページまであります。
　試験時間は40分です。

2　解答はすべて別紙の解答用紙に記入しなさい。

3　開始の合図と同時に，解答用紙に受験番号を記入しなさい。

4　試験が終了したら，机の上に解答用紙を広げたままで待機しなさい。

真和中学校

1 次の会話文を読み，問いに答えなさい。

真君　今日はとてもねむい。
和君　昨日何時にねたの？
真君　夜中の１時だよ
和君　え！それはおそいね。ねる子は育つっていうからしっかりねないといけないんじゃない？
真君　勉強が大変なんだ。でも，どうしてねる子は育つというのかな？
和君　そういえばそうだね。どうしてなんだろう？
真君　それに，ねている時っておしっこをするために起きることがないけれど，それも不思議じゃない？
和君　不思議だね。気にしたことはなかったよ。せっかくだし，調べてみようよ。

真君と和君はヒトの①体のしくみについて学校の先生から教えてもらったり，図書館の本で調べることにしました。

調べてみると次のようなことが分かってきました。

1　体の中では「ホルモン」がつくられている。
2　ホルモンにはたくさんの種類があり，ホルモンが体内ではたらくことで体のさまざまな調節が行われている。
3　ホルモンは脳からの命令でホルモンが作られている場所から血液の中に入り，体の多くの場所に運ばれる。
4　自律神経《じりつしんけい》という神経はホルモンを出す量を調節している。
5　自律神経は自分の意志で動かすことができる神経（例えば，うでの筋肉の神経）と異なり，自分の意志で動かすことができない（例えば，心臓の筋肉の神経）。
6　自律神経には交感神経《こうかんしんけい》（緊張《きんちょう》状態でよくはたらく）と副交感神経《ふくこうかんしんけい》（リラックス状態でよくはたらく）の２種類がある。この２種類の神経は，それぞれのはたらく力に差はなく，車のアクセルとブレーキの関係にある。たとえば，交感神経がはたらいているときは食べ物の消化はされにくく，副交感神経がはたらいているときは食べ物は消化されやすい。

真君　ホルモンは焼肉のときに食べるホルモンじゃなくて，目に見えないくらい小さなものなんだね。
和君　焼肉のホルモンはおいしいのにね…
真君　ねる子は育つというのは脳からの命令で作られた「成長ホルモン」が血液によって運ばれ，骨や筋肉を強くしたり作ったりするからなんだって。

和君　そうなんだ。夜はしっかりねたほうがいいんだね。けがをしたときにもしっかりねると傷がはやく治るみたいだよ。

真君　遠足の前の日に②わくわくしていてなかなかねむることができない理由も自律神経のえいきょうなんだって。

和君　いつもは③夜になると自然とねむくなるのに，ねむれない時は起きているときみたいに，夜もずっと目がさえているよね。

真君　たしかにそうだよね。そうそう，ねているときにおしっこをするために起きないのは，副交感神経とホルモンの両方のえいきょうがあるみたいだよ。

和君　へぇー！体のしくみって目に見えないけれど，とても面白いね。

問１　下線部①に関して，次の図はヒトの体の構造を表しています。**図１**の（**A**）～（**D**）の名称を答えなさい。また，（**D**）の内側には小さなひだがあります。なぜそのひだがあるのか，理由を答えなさい。

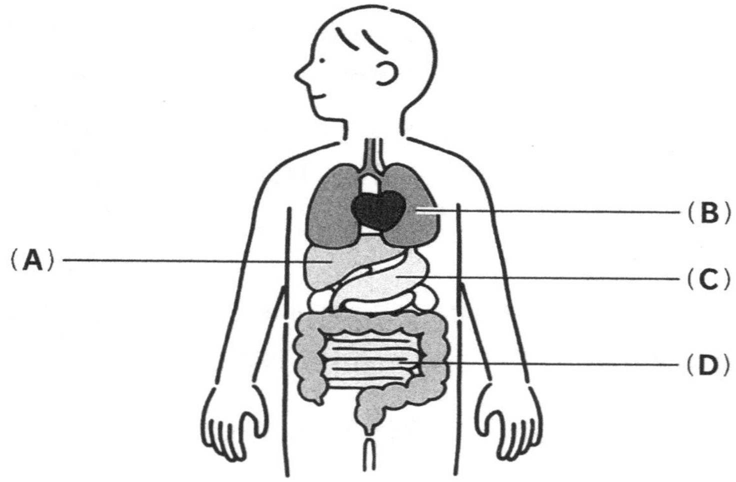

図１

問２　**図２**はさまざまないきものの心臓のつくりを表しています。ヒトの心臓はどれですか。（**A**）～（**D**）から一つ選び，記号で答えなさい。

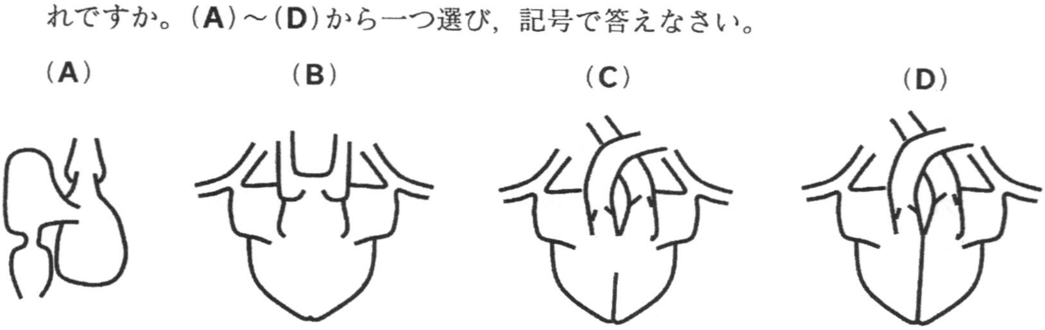

図２

問３　下線部②，下線部③は自律神経の２種類のうちどちらがはたらいていますか，それぞれ答えなさい。

問４　じん臓では，血液中の不要なものを体外に出すために血液をろ過してにょうをつくっています。にょうの中には酸素を運ぶために必要な赤血球は入っていません。なぜ入っていないのか次の**ア**～**エ**から一つ選び，記号で答えなさい。

ア　赤血球はじん臓の中を通らないから。

イ　赤血球は大きな粒なので，ろ過されないから。

ウ　赤血球はじん臓でバラバラにされるため，にょうの中で見つからないから。

エ　赤血球はじん臓の中で別のものに変わるため，にょうの中で見つからないから。

問５　ヒトのからだには，体の塩分ののう度に変化があると正常にもどすはたらきがあります。たとえば，大量の汗《あせ》をかいて体内の水分が減ると，体内の塩分ののう度が高くなります。このとき，じん臓でバソプレシンというホルモンがはたらきます。このホルモンがはたらくと水を体内に吸収し（再吸収という），体内の水分の量をたもちます。その結果，にょうの量は減少し，こいにょうが体外に出されます。

(1)　ねているときには昼間ほどにょうの量が多くなるわけではありません。その理由を次の**ア**～**キ**からすべて選び，記号で答えなさい。

ア　ねているときは，にょうになる水分がすべて汗になるので，にょうになる水がたりないから。

イ　ねているときは水を飲めないので，体内に取り込む水分の量がすくなくなるから。

ウ　ねているときは横になっているので，ぼうこうににょうが流れていかないから。

エ　バソプレシンがたくさん出るので，水の再吸収が増えるから。

オ　バソプレシンが出なくなるので，水の再吸収が減るから。

カ　バソプレシンがたくさん出るので，水の再吸収が減るから。

キ　バソプレシンが出なくなるので，水の再吸収が増えるから。

(2)　昼間に多くの水を飲んだ時はにょう量とにょうの濃さはどのようになりますか。

問６　ヒトのからだでは，血液中に入っているものをじん臓でろ過した後，水を体内に戻し，にょうののう度をこくして体外にだしています。血液をろ過すると，まず，にょうのもととなる原《げん》にょうというものがつくられます。原にょうは，血液から赤血球などを除いた成分と似ています。原にょうには水や栄養分などのからだに必要なものも含まれているため，原にょうの中からいくつかのものは血液中に戻されます。にょうに入っているあるもののの う度が原にょう中ののう度の何倍かを表す値を濃縮率《のうしゅくりつ》といいます。つまりあるものの濃縮率はにょう中ののう度を原にょう中ののう度で割った値です。濃縮率が高いと体にとって不要なものといえます。

また,イヌリンというものは血液中からすべてろ過されにょう中に出てきます。原にょう中とにょう中のイヌリンののう度が分かると，原にょうの量を計算することができます。原にょうの量は作られたにょうの量にイヌリンの濃縮率をかけることで求めることができます。

次の**表１**は，にょうの中に含まれているもののの う度を表しています。５分間に作られるにょうの量を３ｇとして，次の(1)～(3)の問いに答えなさい。

表１

	原にょう中ののう度(%)	にょう中ののう度(%)
ブドウ糖	0.1	0
にょう素《そ》	0.03	2.0
イヌリン	0.01	1.2

(1)　真君は学校にいる８時間で，何ｇのにょうをつくることができますか。

(2)　イヌリンの濃縮率を求めなさい。濃縮率に単位はありませんので，値のみ答えなさい。

(3)　真君は，朝起きて，夜ねるまでの16時間で何ｇの原にょうをつくることができますか。

2 次の文章を読んで，以下の問いに答えなさい。

「とける」という言葉はさまざまな意味があります。例えば，「食塩が水に①とける」の「とける」は，食塩の粒が水全体に広がることを意味しています。この食塩水のように，ものが水にとけてできたすきとおった液を水よう液と言い，とけているものは②ろ紙でこし取ることはできません。③水にとけるものの量は，ものの種類によって異なり，また，温度によっても異なります。

「鉄がうすい塩酸にとける」の「とける」は，ものが水よう液と反応して，ちがうものに変化したことを意味しています。④鉄がうすい塩酸にとけたときは，鉄がとけてなくなり，最初にはなかった水素があわとなって出てきます。

「氷がとける」の「とける」は，（　**a**　）体の氷が（　**b**　）体の水へと水のすがたが変化したことを意味しています。さらに，水のすがたは変化し，氷はとけて水になったあと，容器にふたをせず放置しておくと，（　**c**　）が起こり，水は（　**d**　）にかわって空気中に出ていきます。

問１　文中の（　**a**　）～（　**d**　）に適切な語句を答えなさい。

問２　次の**ア**～**エ**の文中の下線部が，下線部①の「とける」と同じ意味で使われている文を全て選び，記号で答えなさい。

ア　地球温暖化により，南極や北極の氷がとけ始めているという報告がある。
イ　アルミニウムは水酸化ナトリウム水よう液にとける。
ウ　魚はえらで，水中にとけている酸素をとり入れ二酸化炭素を出す。
エ　石灰水に二酸化炭素を吹き込むと白くにごる。これは，石灰水にとけている水酸化カルシウムと二酸化炭素が反応し，異なるものに変化したからである。

問３　下線部②について，ろ過装置を右に示しています。この図で不適切な部分を１か所探し，どのように改めればよいか，説明しなさい。

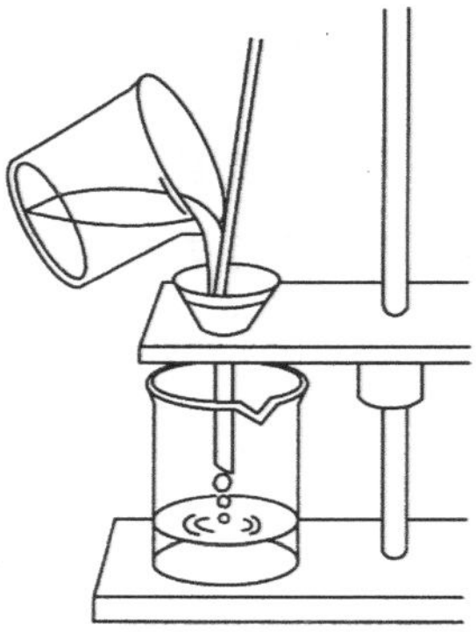

令和５年度

中学　奨学生

理　科

受験上の注意

1　試験問題は，2ページから11ページまであります。
　　試験時間は40分です。

2　解答はすべて別紙の解答用紙に記入しなさい。

3　開始の合図と同時に，解答用紙に受験番号を記入しなさい。

4　試験が終了したら，机の上に解答用紙を広げたままで待機しなさい。

真和中学校

B

1 山の頂上にA地点が，山のふもとにB地点があり，2つの地点は3600m離れています。真也君はA地点を，和也君はB地点を出発して，A地点とB地点をそれぞれ一往復しました。真也君の登る速さと下る速さの比は1：2，和也君の登る速さと下る速さの比は3：5です。2人の下る速さは同じで，2人は同時にそれぞれの地点を出発しました。

次の各問いに答えなさい。

(1) 真也君と和也君の登る速さの比を求めなさい。

(2) 2人が最初に出会う場所は，B地点から何mですか。

(3) 2人が2回目に出会う場所は，B地点から何mですか。

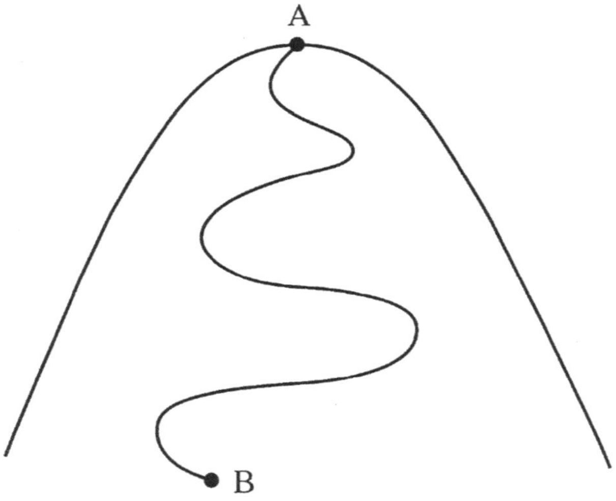

（このページは計算に使ってください。）

(10)　ある商品を定価の 20% 引きで買うと 960 円になります。この商品の定価は ［サ］ 円です。

(11)　100 円硬貨 2 枚，50 円硬貨 2 枚，10 円硬貨 3 枚で支払うことができる金額は ［シ］ 通りです。

(12)　下の図は直角三角形の各辺を一辺にもつ正方形を書き，頂点を結んだものです。このときにできる太線で囲まれた図形の面積は ［ス］ cm^2 です。

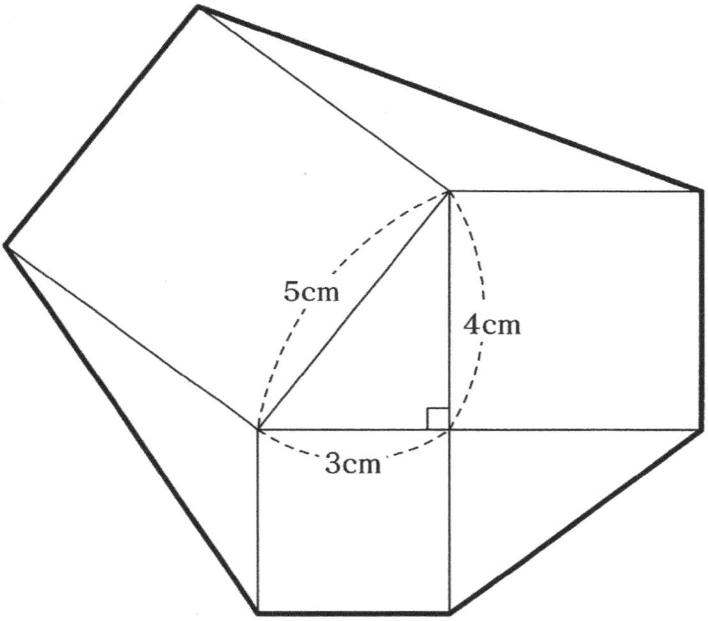

（このページは計算に使ってください。）

A

次の ［ア］ ～ ［ス］ にあてはまる数を解答用紙の解答らんに答えなさい。

(1) $\dfrac{7}{10} \div \left(\dfrac{4}{3} - \dfrac{2}{5}\right) \times \dfrac{8}{15} = \boxed{\text{ア}}$

(2) $2.34 \times 52 + 2.34 \times 26 + 2.34 \times 22 = \boxed{\text{イ}}$

(3) $15 - \left\{8\dfrac{2}{3} - \left(\dfrac{1}{3} + \dfrac{5}{6}\right) \times \dfrac{4}{7}\right\} = \boxed{\text{ウ}}$

(4) $2.5 + \dfrac{1}{6} + (\,20 - \boxed{\text{エ}}\,) \div 0.3 = 5\dfrac{2}{3}$

(5) 5で割ると3余り，7で割ると5余る整数のうち，100に最も近い数は ［オ］ です。

(6) 1 ÷ 13を計算したとき，小数第30位の数は ［カ］ です。

(7) 24，40，48の最大公約数は ［キ］ で，最小公倍数は ［ク］ です。

(8) 9km離れた所へ行くのに，はじめは時速5kmで歩き，途中から時速3kmで歩いたら，2時間かかりました。時速5kmで歩いた道のりは ［ケ］ kmです。

(9) 比が2：3である2つの数がある。この数の小さい方に6を加えた数と，大きい方から2をひいた数の比が4：5であるとします。もとの2つの数のうち，大きい方の数は ［コ］ です。

令和５年度

中学　奨学生・専願生

算　数

受験上の注意

1　試験問題は，Ａ と Ｂ があります。
試験時間は，Ａ と Ｂ で 60 分です。

2　試験問題は，(2)(4)(6)(7)(8) ページにあります。
(3)(5)(9)ページの白紙は，計算に使って下さい。

3　解答はすべて別紙の解答用紙に記入しなさい。なお，Ａ の問題は答だけ，Ｂ の問題は求め方と答を記入しなさい。

4　開始の合図と同時に，解答用紙に受験番号を記入しなさい。

5　試験が終了したら，机の上に解答用紙を広げたままで待機しなさい。

真和中学校

問一　═══線部㋐～㋔のカタカナをそれぞれ正しく漢字で書きなさい。

問二　波線部「ぬか喜び」の語句の意味を次の**ア**～**エ**から一つ選び、記号で答えなさい。

ア　手ごたえがなく、やりがいがないこと。

イ　何の苦労せずに利益を得て喜ぶこと。

ウ　思いがけない幸運にめぐりあうこと。

エ　実現すると喜んでいたことが、だめになること。

問三　───線部ⓐ「じっと冬の寒さを待っているのである」について、═══線部「じっと」が修飾している言葉を、次の㋐～㋔から一つ選び、記号で答えなさい。

じっと　㋐冬の　㋑寒さを　㋒待って　㋓いるので　㋔ある。

問四　空らん［Ⅰ］・［Ⅱ］・［Ⅲ］に入る言葉を次の**ア**～**オ**からそれぞれ一つ選び、記号で答えなさい。

ア　そして　　**イ**　しかし　　**ウ**　ちなみに　　**エ**　まず　　**オ**　たとえ

問五　───線部①「雑草の種子は発芽のタイミングを自分で決める必要がある」とあるが、なぜですか。理由を「～だから」に続く形で三十字以内で答えなさい。

問六　───線部②「アサガオの種子にやすりやナイフで傷を付けると芽が出やすくなる」とあるが、なぜですか。理由を五十字以内で答えなさい。

問七　───線部③「『冬が来なければ本当の春は来ない』／何だか人生にも示唆的な」とはどのような意味ですか。次の**ア**～**エ**から一つ選び、記号で答えなさい。

ア　冬の次に春が来るように季節には順序があり、人もまざまな経験を順を追って経験するということ。

イ　冬のきびしい寒さのような苦労を経験しないと人生では本当の意味の幸せを感じることはできないということ。

ウ　春のような一時的な幸せよりも冬の寒さのような苦労こそが人生では大切であると言うこと。

エ　冬にも時々暖かな日があるように、人生でも苦労の日々の中に喜びや幸せを感じるということ。

問八 ——線部④「二次休眠」とあるが、「二次休眠」を説明した次の一文の空らん[A]・[B]にあてはまる言葉をそれぞれ本文中から書き抜《ぬ》きなさい。

休眠した種が芽を出そうとしても[A]環境だった場合に、[B]を計って、再び休眠状態になること。

問九 本文の内容と合っているものを次の**ア**〜**エ**から一つ選び、記号で答えなさい。

ア 野菜や花の種子は芽を出す時期を人間が人工的に決めて播くので成長が早い。

イ 雑草の種子は地面に落ちたときが発芽のタイミングでなくても発芽し成長することができる。

ウ 低温要求性とは冬の時期の低温を経験すると発芽をする性質のことである。

エ 野菜や花の種子を播いてどれくらいそろって発芽したかを表わすのが発芽率である。

三

次の文章を読んで、あとの問いに答えなさい。**※字数指定のある問題は、句読点とかぎかっこは一字に数えます。**

小学六年生のアイ（私）は、お父さんが単身赴任《たんしんふにん》で離れて暮らしており、お母さんも遅くまで仕事をしているため、いつも一人で留守番をしている。一学期の始業式である今日も、家で一人過ごしていた。

お詫び

著作権上の都合により、文章は掲載しておりません。
ご不便をおかけし、誠に申し訳ございません。

教英出版

お詫び

著作権上の都合により、文章は掲載しておりません。

ご不便をおかけし、誠に申し訳ございません。

教英出版

（松井玲奈『家族写真』朝日文庫）

問一 ＝＝線部㋐～㋖のカタカナを、それぞれ漢字で書きなさい。

問二 ━━線部ⓐ～ⓒの本文中における意味として最も適切なものを、次の**ア**～**エ**からそれぞれ一つずつ選び、記号で答えなさい。

ⓐ 無機質な音
- **ア** 低くくぐもった音
- **イ** 一定のリズムがある音
- **ウ** 冷たく生命感のない音
- **エ** 甲高《かんだか》い金属のような音

ⓑ 気のない声
- **ア** うれしそうにはずんだ声
- **イ** ひどくイライラした声
- **ウ** 感謝の意を込めた声
- **エ** 興味のなさそうな声

ⓒ 目頭がジンと熱くなった
- **ア** 心地よい気持ちになった
- **イ** 怒りが込み上げてきた
- **ウ** 眠気がおそってきた
- **エ** 涙が出そうになった

問三 空らん［Ⅰ］に入る言葉として最も適切なものを次の**ア**～**エ**から一つ選び、記号で答えなさい。

ア かたつむり　**イ** たつまき　**ウ** うさぎ　**エ** おほしさま

問四 ━━線部①「ほつれた心の糸を一時的に正しい縫い目に戻してくれる」について、次の問いに答えなさい。

(i) 「ほつれた心の糸を一時的に正しい縫い目に戻してくれる」とはどういうことですか。その説明として最も適切なものを、次の**ア**～**エ**から一つ選び、記号で答えなさい。
- **ア** モヤモヤした気持ちが、アルバムを見ると少しだけやわらいでくるということ。
- **イ** アルバムをめくるたびに、今までよりももっと悲しくなってしまうということ。
- **ウ** 家族の写真を見て、お父さんとお母さんに会いたい気持ちが強くなるということ。
- **エ** 幼いころの写真を見て、今の自分との違《ちが》いに笑いがこみ上げてくるということ。

(ii) (i)のような気持ちになるのはなぜですか。その理由を本文から二十五字以内で探し、書き抜《ぬ》きなさい。

問五 ——線部②「いくつになったら本当のスピードで時間が動いてくれるのだろう」とあるが、ここからアイのどのような気持ちが読み取れますか。最も適切なものを、次の**ア**～**エ**から一つ選び、記号で答えなさい。

ア お父さんにも自分と同じようにゆっくり時間が流れればいいな、と期待している。

イ 実際よりもゆっくり流れてしまっている時間に対して、いらだちを感じている。

ウ 他の人たちが感じる時間に比べて、お父さんの感じる時間は早すぎると困わくする。

エ 自分がいずれ大人になって、時間が早く過ぎるようになることが想像できずにいる。

問六 ——線部③「アイは本当にしっかりしてるな。いや、しっかりさせちゃってるのかな」とあるが、お父さんが「しっかりさせちゃってる」と言い直したのはなぜですか。理由を六十字以内で説明しなさい。

問七 ——線部④「本当の気持ちを包んで隠してしまった」とはどういうことですか。アイの「本当の気持ち」を具体的に示して、四十字以内で説明しなさい。

問八 ——線部⑤「キャップを開けて炭酸の泡が弾けては消えていくのを、ただぼうっと見つめた」とあるが、この時のアイの気持ちを表したものとして最も適切なものを、次の**ア**～**エ**から一つ選び、記号で答えなさい。

ア むなしい　**イ** くるしい　**ウ** なつかしい　**エ** たのしい

令和４年度

中学　奨学生・専願生

国　語

受験上の注意

1　試験問題は２ページから20ページまであります。
　試験時間は60分です。
2　解答はすべて別紙の解答用紙に記入しなさい。
3　開始の合図と同時に解答用紙に受験番号を記入しなさい。

真　和　中　学　校

2022(R4) 真和中
教英出版

一　次の文章を読んで、後の問いに答えなさい。

字数指定のある問題は、句読点とかぎかっこは一字に数えます。

文章中の（※）には省略があります。

かすみさんは、東京五輪についてその意義や成果について考えをまとめて発表をしようと思います。いろいろな資料を調べているうちに、次のような新聞記事〈社説1〉〈社説2〉を見つけました。

〈社説1〉

（熊本日日新聞　2021年8月9日）

〈社説２〉

お詫び

著作権上の都合により、文章は掲載しておりません。ご不便をおかけし、誠に申し訳ございません。

教英出版

（朝日新聞　２０２１年８月９日）

【語注】

（注１）　多様性―いろいろな性質。いろいろな種類や傾向《けいこう》のものがあること。

（注２）　是非―正しいかどうかということ。

（注３）　可視化―見えるようにすること。

（注４）　旧態依然―以前からの状態がまったく変わらないさま。

（注５）　示唆―それとなく示すこと。

問一　〈社説１〉波線部「スポーツが持つ力」を解答らんに正しくていねいに書き写しなさい。

問二　〈社説１〉―線部①「大会理念の『多様性と調和』を一定程度、形にできた」とありますが、これと同じことについて、〈社説２〉で具体的に述べている一文を探《さが》し、その文のはじめの五字を書き抜《ぬ》きなさい。

問三　〈社説2〉の━線部②「10代の選手が躍動したスケートボードなどの都市型スポーツは、その観点からも示唆を与えてくれたように思う」について、次の問いに答えなさい。

(1)　「その観点」とは、どのような観点ですか。文中から一〇字で書き抜きなさい。

(2)　「10代の選手」の活躍に関して、同じように若い選手の活躍について〈社説1〉でふれていることを二つ探し、それぞれ二〇字以内で書き抜きなさい。

かすみさんがさらに資料を探すうちに、次の〈社説3〉を見つけました。〈社説3〉では、東京五輪の成果について〈社説1〉〈社説2〉とは異なった点を取り上げていることに関心を持ち、調べてみると資料A～Cを見つけました。

〈社説3〉

（毎日新聞　2021年8月11日）

【語注】

（注6）　持続可能性―環境《かんきょう》・社会・経済などが将来にわたって適切に維持・保全され、発展できること。

資料A

（Aの資料）

お詫び：著作権上の都合により，掲載しておりません。ご不便をおかけし，誠に申し訳ございません。

教英出版

B

（Bの資料）

お詫び：著作権上の都合により，掲載しておりません。ご不便をおかけし，誠に申し訳ございません。

教英出版

C

（Cの資料）

お詫び：著作権上の都合により，掲載しておりません。ご不便をおかけし，誠に申し訳ございません。

教英出版

（東京オリンピック・パラリンピック競技大会組織委員会『東京２０２０持続可能性』から）

問四　―線部③「気候変動対策や資源の有効利用、生物多様性の保全などに配慮することを運営の柱に据えた」について、資料A～Cはそれぞれどの配慮に関する取り組みでしょうか。記号で答えなさい。

(1)　気候変動対策…資料（　）　(2)　資源の有効利用…資料（　）　(3)　生物多様性の保全…資料（　）

問五　―線部④「今大会で『できたこと』と『できなかったこと』を……今後の社会作りに生かすことが求められる」とあります。かすみさんは、資料AからCに関連して自分にもできることに取り組む必要を感じました。

かすみさんになったつもりで、次の【条件】にしたがって発表内容を書きなさい。

〈条件〉①二つの文に分けて、全体を六〇字以上、八〇字以内で書くこと。

②発表原稿《げんこう》として「です・ます」調で書くこと。

③一文目は　資料A～Cのどれを選んだかを書くこと。

④二文目は、「その理由は」で始め、「からです。」で終わるように書くこと。

⑤原稿用紙の正しい使い方にしたがって書くこと。ただし、書き出しは一マス目から書くこと。

二　次の文章を読んで、後の問いに答えなさい。

字数指定のある問題は、句読点とかぎかっこは一字に数えます。

文章中の（※）には省略があります。

①私たちは自分の体験的過去ですら、すべてを記憶《きおく》しているわけではありません。［A］、今朝は歯を磨《みが》いて顔を洗って朝食を食べて電車に乗って学校に来た。それを思い出すことはできますが、［A］電車の窓から見た風景や隣《となり》の席のおばさんの顔といったこまごまとした（注1）ディテールまで、すべて思い出すわけではありません。

印象《いんしょう》に残った事実は鮮明《せんめい》に思い出すことができるでしょう。［B］、あまり印象的ではない出来事《できごと》はすぐに忘れてしまいます。イヤなこと、苦しかったことはなるべく忘れたいと思う。［C］私たちは過去の出来事に対して選択《せんたく》し、変形し、削除《さくじょ》し、（注2）焦点化《しょうてんか》するといった編集作業を無意識に行っているのです。

サッカー部員として出場した全国大会で優勝したこと。そういった印象深い出来事はクローズアップされます。すべての出来事が等しく思い出されるわけではありません。私はそれを「物語り」と呼びたいのです。

「り」が入っているのはなぜかというと、漢字二文字の「物語」とすると桃太郎《ももたろう》の話や源氏物語《げんじものがたり》、平家物語《へいけものがたり》などを連想しますが、私が言いたいのはそうではなく、「私たちの語り」のほうに重点を置いているからです。自分の体験を言葉にして語ることで、はじめて自分の経験をⓐ組織化《そしきか》することができます。他人に伝えることもできるでしょう。

②おそらく言葉を持たなければ歴史もない。そう言い切ってよいと思います。犬や猫《ねこ》も記憶は持っていますが、歴史は持っていない。歴史は言葉によってはじめてかたちづくられるものです。［D］、歴史は記憶の編集作業であり、それを一つのストーリーにまとめあげる言語化の作業だからです。

ストーリーとしてまとめるとき、先ほど言った選択や削除、焦点化といったことが行われ、さらに同じ出来事を経験した他人の記憶と摺《す》り合わせることによって記憶が共同化されます。つまり歴史とは、共同化された記憶、共同体の記憶という側面をもっています。

「物語り」というと「(注3)フィクションか……」と思うかもしれませんが、③私が言っているのはそうではありません。私が「歴史の物語り論（ナラトロジー）」と呼《よ》んでいるものは、映画などのナレーションと考えてください。ナレーションはフィクションと異《こと》なり、現実とのⓑ整合性を持っていなければなりません。「歴史の物語り」は、少し難《むずか》しい言葉ですが「通時的《つうじてき》整合性」と「共時的《きょうじてき》整合性」を併《あわ》せ持っているのです。

通時的とは時間軸《じく》に沿《そ》った整合性ですから、ある出来事が起きて次の出来事が起こる。つまり時間的順序のつじつまです。共時的整合性とは、ある出来事が起きたことと同時代に起きたほかの出来事とが(注4)矛盾《むじゅん》をきたさない必要がある、ということです。

「物語り」の正しさというのは、あくまでもさまざまな証言《しょうげん》や証拠《しょうこ》、歴史的な史料との整合性によって確かめるほかはないと私は考えています。過去はすでに消えてなくなっているわけです。にもかかわらず、過去はあったという確信を私たちは抱《いだ》いています。過去がなければ現在の私たちも存在しないわけですから。

天空のかなたに過去そのものがあるわけではなく、過去があるとすれば、それは私たちが言葉をもって語る「物語り」の中にある。私はそれを「物語り行為《こうい》」と呼んでいます。私たちが過去について語り、さまざまな史料に基づいて書き㋐記す行為の中に、あるいはそれによってかたちづくられた「物語り」の中に過去は存在するのです。（※）

［E］、私がなぜ「物語り」ということを(注5)東日本大震災《しんさい》と関連づけて話しているのか。それは「物語り」の持つ力が、これからの復旧《ふっきゅう》・復興《ふっこう》や、家族や㋑家屋を失った人の心のケアに対して、非常に重要だと考えているからです。

仙台市《せんだい》の隣《となり》に名取市《なとり》という町があります。津波《つなみ》の被害《ひがい》を受けましたが、その名取市で精神科クリニックを㋒カイギョウしている桑山紀彦《くわやまのりひこ》さんという医師の方は次のようなことを述べています。

「心のケアが必要な人にとって、記憶を（注6）紡《つむ》ぎ出し、それを物語化し、どういう形でどこに仕舞《しま》う、つまり奉納《ほうのう》するかという一連の作業が必要です。」

「心の㋓キズをケアするのは、薬の処方《しょほう》を考えるのではなく、患者《かんじゃ》さんたちの物語を一緒《いっしょ》に作っていく作業だということを改めて学びました。」

（海堂尊《かいどうたける》　監修《かんしゅう》『救命』新潮社《しんちょうしゃ》、二〇一一）

東日本大震災では死者・行方《ゆくえ》不明者含《ふく》めて二万人近くの命が失われました。非常に多くの方々が家族を失い、また家屋などの財産を失うという喪失《そうしつ》の体験をしています。

その方々は、自分の体験をどう位置づけたらいいかわからないし、被害や被災《ひさい》の状況《じょうきょう》をどう納得《なっとく》したらいいのかわからないのです。④桑山さんは、そうした人々に対して記憶を紡ぎ出し、物語化することが心のケアにとって重要な作業になると述べています。私はそれを「物語の再構築《さいこうちく》」と呼《よ》んでいます。

『アフリカの日々』などの小説を著《あらわ》したイサク・ディーネセンというデンマークの作家が「どんな悲しみでも、それを物語に変えるか、それについて物語れば、耐《た》えられる」と述べています。私たちは思いもかけないような悲惨《ひさん》な出来事、あるいは耐え難《がた》いくらいの苦しい出来事に出遭《であ》ったとき、それを言葉にして㋔キショウテンケツをもった物語に語りなおすことによって、それらの出来事を耐えることができるのです。

大震災で家族を失い家財を流された人は、家族の歴史や過去も一緒《いっしょ》に流され、失ってしまった。⑤瓦礫《がれき》のなかから写真やアルバム、卒業証書《そつぎょうしょうしょ》を探し出し、泥《どろ》にまみれたそれらの品々を洗っている被災者やボランティアの人たちの姿をテレビで見たことがあるでしょう。先ほど「物語りにはさまざまな証拠が必要だ」と言いましたが、子どもや家族を失った人、商売道具などの家財を流された人は証拠ともども津波に流されてしまった。だから、この先あるはずだった未来の物語も失ってしまったのです。

ですから、辛《つら》い体験、苦しい体験をもう一度自分の言葉で語りなおす「喪《も》の作業」が必要となるのです。

皆《みな》さんもおじいさんやおばあさん、親戚《しんせき》といった身近な方が亡《な》くなった体験をしたことがあるかもしれません。仏教でいうと四十九日、七週間のあいだ喪《も》に服して、亡くなられた方を思い出す作業をしますね。亡くなった方を思い出して語る行為を続ける。それによって亡くなったという事実を自分の歴史の中に位置づけて、失われた方との関係を語りなおすことで喪失の体験を自分自身に納得させる。それが喪の作業、グリーフワークと呼ばれるものです。

東日本大震災で大なり小なり被害を受けた人は、自分に関する物語を語りなおし、あるいは再構築する必要に迫《せま》られたと言えます。物語る行為が心のケアに重要な役割を果たすのは、自分が何者であるかということ（アイデンティティ）を問いなおし、語りなおすことが、これから生きていくために必要だからです。

⑥これは何も震災に限った話ではありません。皆さんのような中学生、高校生が上の学校へ進学するという人生の節目《ふしめ》で、自分が何者であるのか、これまで何をしてきてこれから何をするべきかという【　Ⅰ　】を考え直すことと共通しているのです。

（『歴史の読みかた〈続・中学生からの大学講義〉２』（筑摩書房）より）野家啓一「歴史と記憶―大震災後を生きる」）

【語注】

（注１）　ディテール―細部。

（注２）　焦点化―ある物事に注意や関心を集中させること。クローズアップすること。

（注３）　フィクション―作りごと。

（注４）　矛盾―物事の前後が整《ととの》わないこと。

2022(R4) 真和中
K 教英出版

2022(R4) 真和中
K 教英出版

(1) 図形（イ）の辺ＢＣの長さを求めなさい。

(2) ７秒後に（ア）と（イ）が重なった部分の面積を求めなさい。

(3) 出発してから 16 秒後までのグラフとして最も適切なものを下のグラフ①〜④の中から１つ選びなさい。解答は番号のみを答えなさい。

①
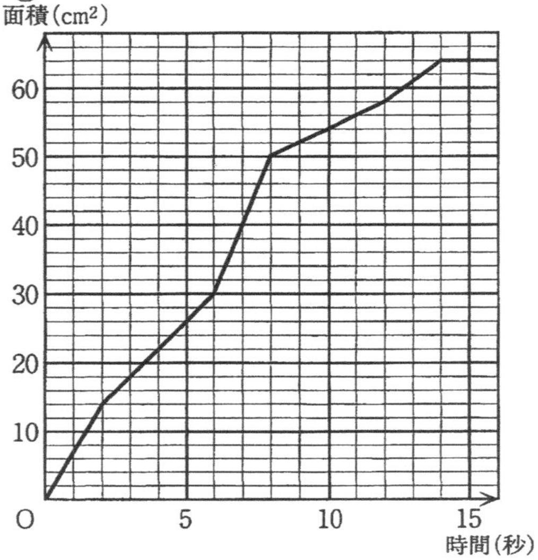

②
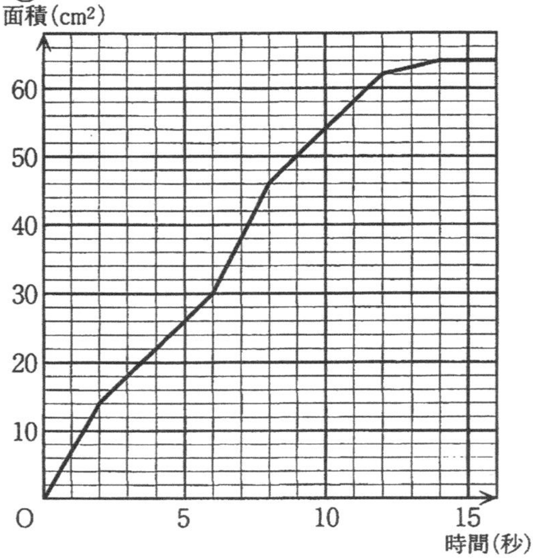

③
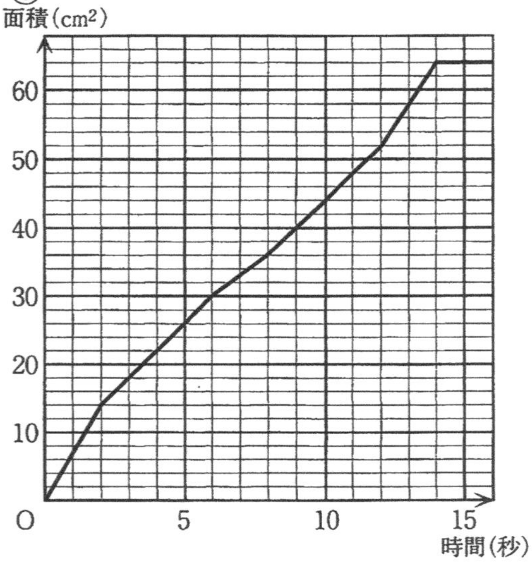

④
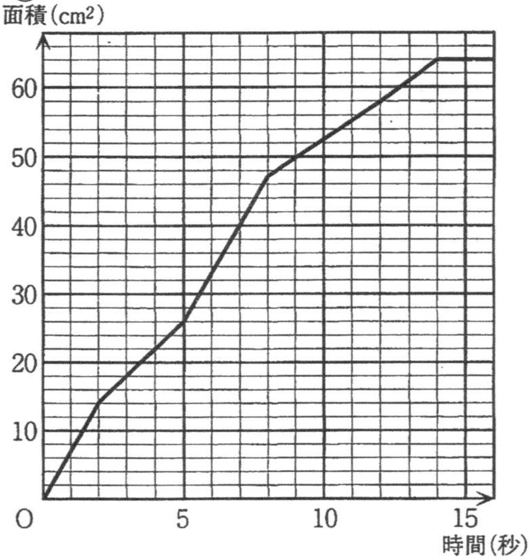

(4) 16 秒後から 24 秒後のグラフを解答らんに書きなさい。

B

3 図１のように，図形（ア）と固定されている図形（イ）が一直線上に並んでいます。図形（ア）は直線にそって矢印の方向に１秒間に１cmの速さで動きます。

図２は図１の図形（ア）の各辺の長さを表したものです。また，図１の図形（ア），（イ）の角は，すべて90°です。

図３のグラフは，図形（ア）を動かした時間と，図形（ア），（イ）が重なった部分の面積との関係の一部を表しています。このとき，次の問いに答えなさい。

【図１】

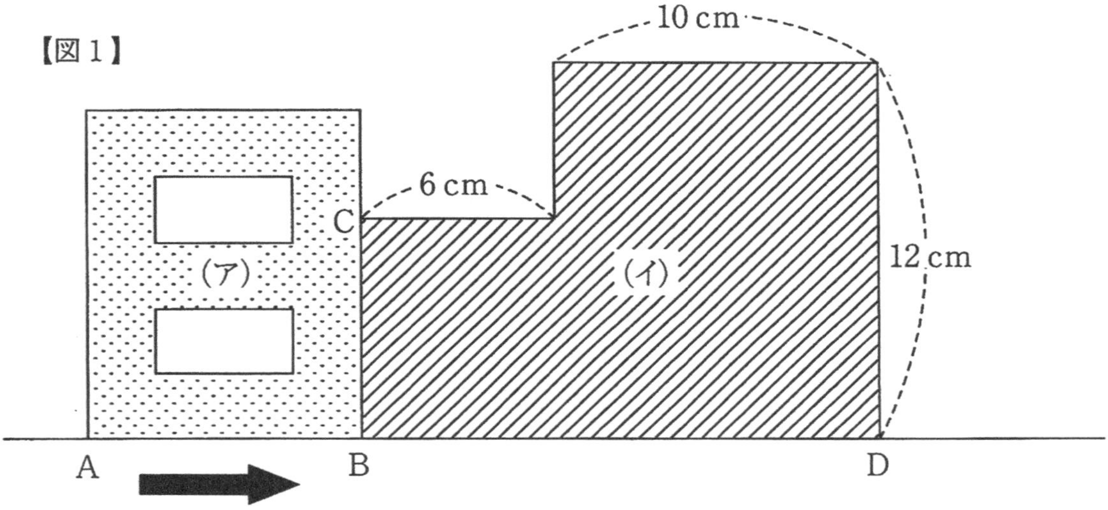

【図２】

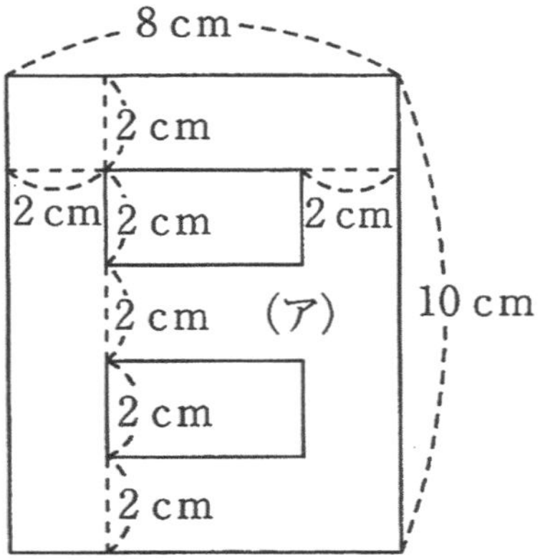

【図３】

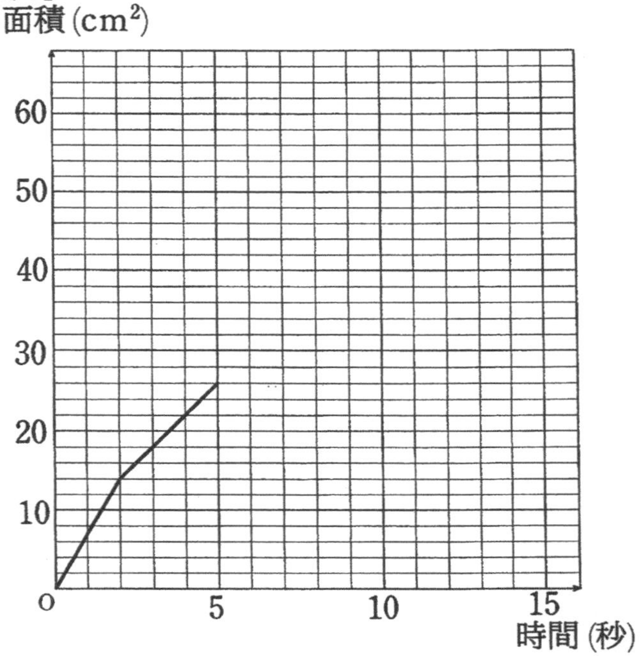

（このページは計算に使ってください。）

2022(R4) 真和中
K 教英出版

2022(R4) 真和中
教英出版

問４　直線上に**点P**と**点P**から800 m 離れた**点Q**があります。**物体A**は**点P**から**点Q**に，**物体B**は**点Q**から**点P**に向けて同時に出発しました。**物体A**と**物体B**がすれ違う場所は**点P**から何 m ですか。

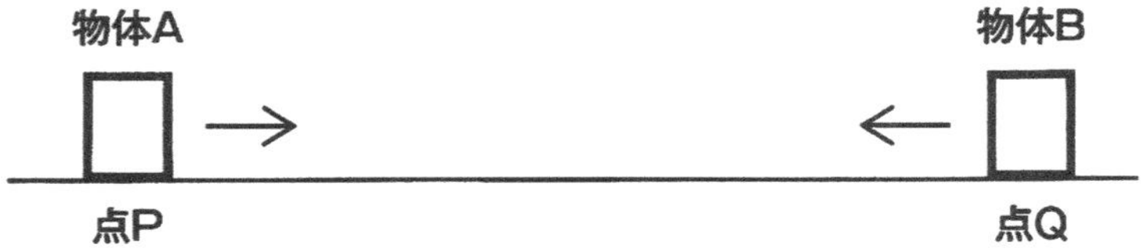

問５　**物体A**が**点P**を出発して，100秒後に**物体B**が**点P**を出発しました。**物体B**が**物体A**に追いつくのは，**物体A**が出発してから何秒後ですか。ただし，**物体A**と**物体B**は同じ向きに一直線上を動きます。

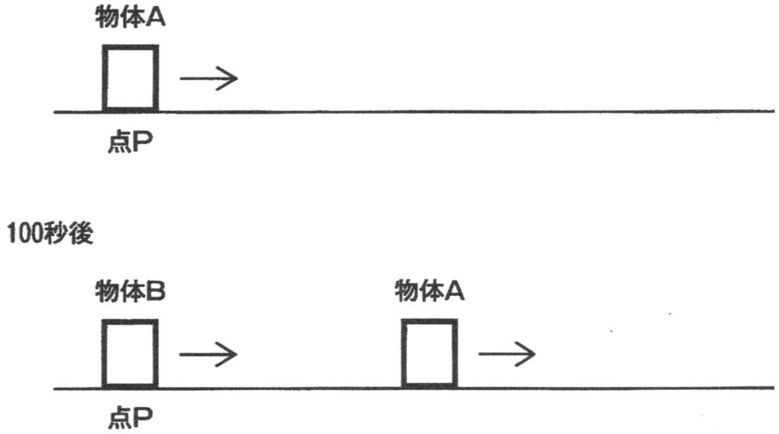

問２　直線上に**点P**と**点P**から800 m 離れた**点Q**があります。**物体A**は**点P**から**点Q**に向けて，**物体C**（速さ秒速２m で運動する）は**点Q**から**点P**に向けて同時に出発しました。**物体A**と**物体C**がすれ違うのは何秒後ですか。

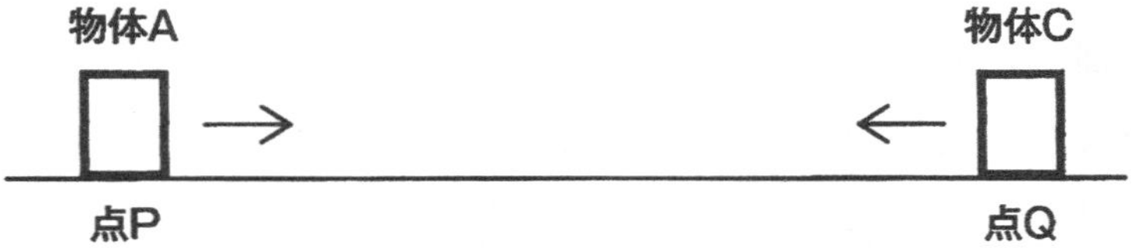

問３　**物体A**が**点P**を出発して，50秒後に**物体D**（速さ秒速 12 m で運動する）が**点P**を出発しました。**物体D**が**物体A**に追いつくのは，**物体A**が出発してから何秒後ですか。ただし，**物体A**と**物体D**は同じ向きに一直線上を動きます。

50秒後

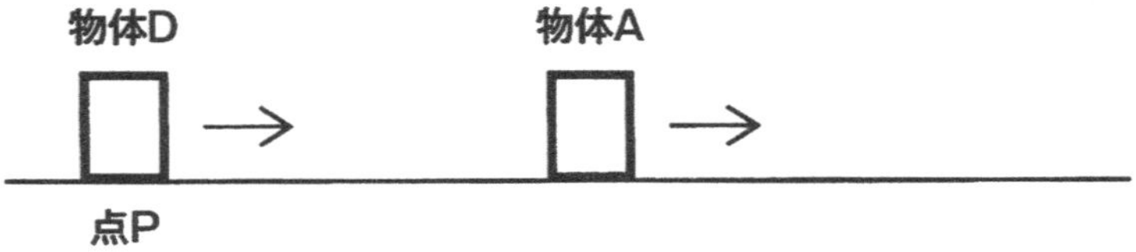

3　次の文章を読み，以下の問いに答えなさい。

物体Aが一直線上を速さ秒速８m＝時速（　**ア**　）kmで３分間動いた時，進んだ道のりは（　**イ**　）mとなります。また，それは（　**ウ**　）kmです。この動きについて，縦軸に速さ，横軸に時間のグラフを描くと図１のようになります。**図１**の斜線部の面積を求めると（　**エ**　）となります。このことから，グラフ（速さと時間）の面積は進んだ道のりと同じ値になり，面積を求めると進んだ道のりが分かります。

次に，**物体B**の動きについて考えます。**物体B**の動きは**図２**のグラフから，時間０秒の時の速さは毎秒（　**オ**　）mで，時間がたつにつれて**物体B**の速さは（　**カ**　）なります。また，下線部のことから，**物体B**が50秒間に進んだ道のりは（　**キ**　）mとなります。

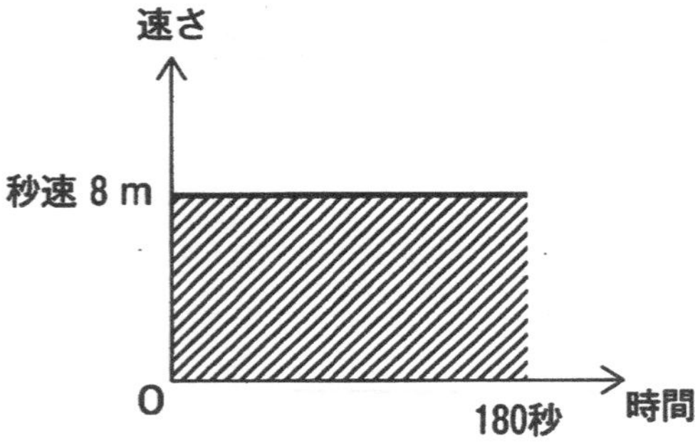

図１

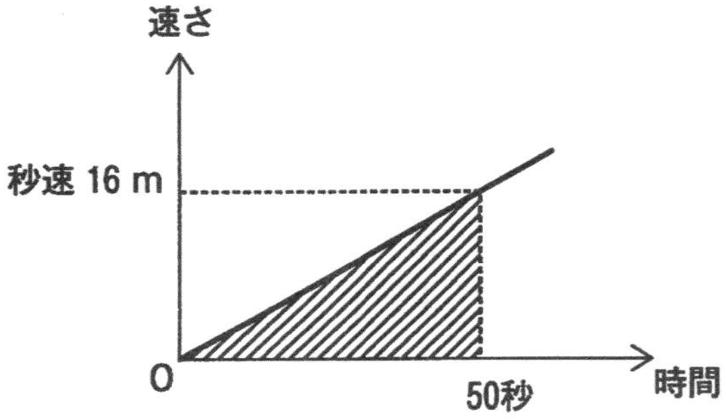

図２

問１　文中の（**ア**）～（**キ**）に適当な数値や語句を入れなさい。

問５　「アルゴン」の密度を 1.78 g/L，「大気窒素」の密度を 1.26 g/L として，以下の（１），（２）に答えなさい。ただし，「化学窒素」の密度は問４の値を用い，小数第２位を四捨五入して小数第１位まで求めなさい。

（１）「大気窒素」中に含まれる「アルゴン」の体積の割合は何 % ですか。

（２）　空気中に含まれる「アルゴン」の体積の割合は何 % ですか。ただし，空気中には「大気窒素」，水，酸素，二酸化炭素が含まれているものとし，含まれている水，酸素，二酸化炭素の体積の割合は 21 % とします。

問１　酸素，二酸化炭素について，次の**ア**～**ク**から正しい文を２つずつ選び，記号で答えなさい。

ア　水によくとける。

イ　においがある。

ウ　ものを燃やすはたらきがある。

エ　色がついている。

オ　石灰水が白くにごる。

カ　鉄にうすい塩酸を加えて発生させる。

キ　石灰石にうすい塩酸を加えて発生させる。

ク　オキシドールに二酸化マンガンを加えて発生させる。

問２　１円玉（アルミニウム）の密度（重さ÷体積，1 cm^3 あたりの重さ，単位 g/cm^3）を求めるための実験を行う場合，どのような方法で行えばよいですか。次の器具を用いて簡潔に説明しなさい。

器具　上皿天びん　メスシリンダー

問３　文章中の（　　）に当てはまる数値を，小数第３位を四捨五入して小数第２位まで求めなさい。

問４　「化学窒素」の密度（体積１Ｌあたりの重さ）は何 g/L ですか。小数第３位を四捨五入して小数第２位まで求めなさい。ただし，文章中の下線部の丸底フラスコの体積は 1.84 L とします。

2022(R4) 真和中
K 教英出版

3 次の文章を読んで、あとの問いに答えなさい。

今年は、[1]が熊本に来て125年目にあたります。

1867（慶応《けいおう》３）年に江戸に生まれた[1]は、①1890（明治23）年に東京帝国大学（現在の東京大学）英文科に入学し、1893（明治26）年に大学を卒業して英語の教師となりました。

②1896（明治29）年４月、第五高等学校（現在の熊本大学）の英語の先生として熊本に来て、文部省から命じられてイギリス留学のため熊本を去るまで、③４年３ヵ月を熊本で過ごしました。

緑豊かな熊本の美しい景色を見た[1]が、思わずつぶやいた言葉から生まれたと伝えられる「④森の都、熊本」は、国が重要文化財に指定した⑤熊本城などとともに、熊本を象徴する言葉として、熊本市民が大切に守っていくものの一つになっています。

1903（明治36）年、⑥イギリスから帰国した[1]は、東京帝国大学や明治大学の先生をつとめました。⑦1905（明治38）年、⑧俳句《はいく》や小説をつくる友人のすすめもあり、『吾輩は猫である』の小説を発表しました。これが評判となり、次々に『坊ちゃん』・『二百十日《にひゃくとうか》』・『（　X　）』などを発表しました。

1907（明治40）年、作家として活動するために大学の先生をやめて新聞社に入り、『三四郎《さんしろう》』・『こころ』などのすぐれた作品を発表しました。しかし、1910（明治43）年から病気に悩まされるようになり、⑨1916（大正５）年12月、病気がもとで亡くなりました。

熊本で過ごしていた[1]は、作家ではありませんでしたが、すぐれた教育をしながら一千近くの俳句をつくりました。また、『二百十日』・『（　X　）』は熊本での体験をもとにして書かれたもので、『吾輩は猫である』や『三四郎』などの小説にも、熊本の風景や人物が登場しています。

問１　[1]にあてはまる人物を答えなさい。

問２　（　X　）にあてはまる作品を、次の**ア～エ**から１つ選び、**その記号**で答えなさい。

ア　学問のすゝめ　　**イ**　草枕　　**ウ**　竹取物語　　**エ**　枕草子

問３　下線部①について、前年の大日本帝国憲法及び衆議院議員選挙法の公布により、この年の11月に[2]院と衆議院による二院制の第1回帝国議会が開会されました。これに関して、次の（１）・（２）に答えなさい。

（１）[2]にあてはまる語句を、**漢字**で答えなさい。

（２）次は大日本帝国憲法の主な内容（要約）です。[3]～[7]にあてはまる語句を、[3]は**漢字１文字**、[4]～[7]は**漢字２文字**で答えなさい。

第１条　日本は、永久に続く同じ家系の天皇が治める。
第３条　天皇は[3]のように尊い存在である。
第４条　天皇は国の[4]であり、国や国民を治める権限をもつ。
第５条　天皇は、帝国議会の意見を聞きながら、[5]を定める権利をもつ。
第11条　天皇は[6]軍を統率する。
第29条　国民は、[5]に定められた範囲内で、[7]、出版、集会、結社の自由をもつ。

問４　下線部②について、４月６日から４月15日にかけてギリシャの[8]で第１回の近代オリンピック大会が開催されました。[8]にあてはまる都市名を答えなさい。

問５　下線部③について、この間の出来事を述べた次のⅠ・Ⅱの文章を読んで、あとの（１）～（３）に答えなさい。

Ⅰ　軍備拡張や鉄道の建設のために必要とされる鉄鋼の国産化を目指して、北九州に近代的な設備をもつ[9]製鉄所の建設が進められていました。

Ⅱ　足尾銅山の工場から流された有害な廃水《はいすい》が、渡良瀬川の大洪水によって、群馬県など４県にわたる流域一帯の農作物や家畜に大きな被害を与え、人体にも影響をおよぼしました。

（１）[9]にあてはまる語句を、**漢字**で答えなさい。

（2）足尾銅山の位置を、次の地図中**ア～エ**から選び、**その記号**で答えなさい。
（3）足尾銅山の鉱毒による公害問題に取り組んだ、下の資料に見る衆議院議員を、**漢字**で答えなさい。

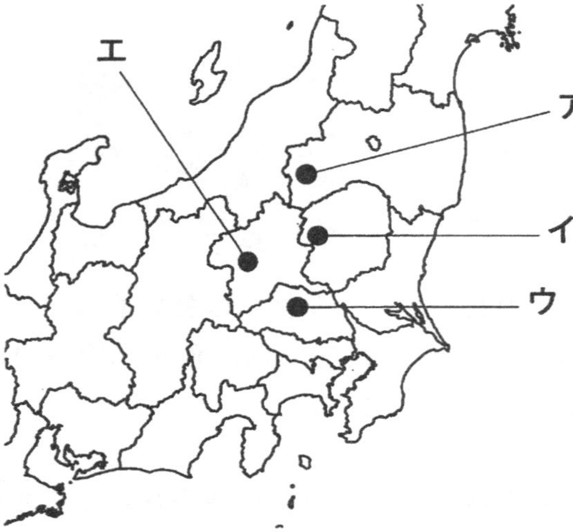

問６　下線部④について、1972（昭和47）年に熊本市議会は「森の都宣言」をしましたが、熊本市以外でも「森の都」を正式な愛称《あいしょう》とする都市があります。それは石川県の県庁所在都市で、1974年に市議会が「緑の都市宣言」をしました。これに関して、次の（1）・（2）に答えなさい。

（1）石川県の県庁所在都市を**漢字**で答えなさい。また、その都市の位置を、下の地図中**ア～エ**から選び、**その記号**で答えなさい。
（2）江戸時代に石川県と富山県を領地とした藩と、その藩主の組合せとして正しいものを、次の**オ～ク**から選び、**その記号**で答えなさい。

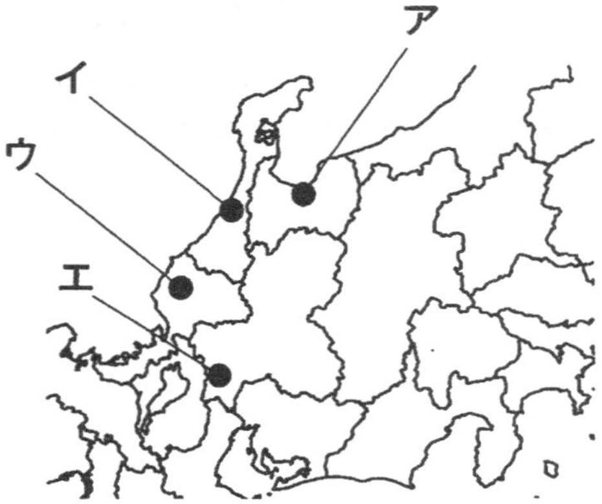

オ　仙台藩－黒田氏
カ　水戸藩－松平氏
キ　会津藩－伊達氏
ク　加賀藩－前田氏

問７　下線部⑤について、西郷隆盛を指導者とする軍に囲まれながらも、守りぬいたことは有名であるが、このときの**戦争名**を答えなさい。

問８　下線部⑥について、1886（明治19）年、和歌山県沖の海で、イギリスの貨物船が沈没しました。このとき、イギリス人の船長以下26名の全員がボートでのがれて助かりましたが、日本人乗客25名の全員が亡くなりました。右は、この事件が起こったときに描かれた風刺画です。この事件の裁判では、船長には軽い罰しかあたえられませんでした。この事件を通して日本国内では、何を求める声が強まっていきましたか。**15文字以内**で答えなさい。

問９　下線部⑦について、この年、日本海海戦でロシア艦隊を破った日本の連合艦隊司令長官を、**漢字**で答えなさい。

問10　下線部⑧について、1869年、江戸を出発し、東北から北陸を経て美濃《みの》国の大垣《おおがき》までを巡《めぐ》った旅を記した『おくのほそ道』には、「五月雨を　あつめて早し　最上川」をはじめとする俳句が多数のせられています。これに関して、次の（１）・（２）に答えなさい。

（１）この俳句をつくった人物を**漢字**で答えなさい。
（２）最上川は、１つの府県のみを流域とする河川としては日本国内最長です。この川が流れる府県名を、**漢字**で答えなさい。

問11　下線部⑨について、この頃、日本では重化学工業が急速に成長し、世界的な船不足もあって造船業は好況となり、輸出も増えて好景気をむかえていました。このきっかけとなった理由を**15文字以内**で答えなさい。

4 次の**A～E**の文章中の **1** ～ **5** にあてはまる語句を**漢字**で答えなさい。また、文章中の｛　｝**ア～ウ**から正しい語句を選び、**その記号**で答えなさい。

A 奈良盆地を中心とする **1** 地方では、大王を中心に豪族たちの連合により統一された **1** 朝廷がつくられ、5～6世紀ごろには、九州地方から｛**ア** 関東　**イ** 東北　**ウ** 北海道｝地方南部までの豪族を従えるようになりました。

B 20才のときに天皇を助ける地位についた聖徳太子（厩戸王）は、朝廷で大きな力をもっていた豪族の｛**ア** 物部　**イ** 中臣　**ウ** 蘇我｝氏とともに、天皇中心の国づくりを目ざして、政治の改革を進めました。太子は、家柄に関係なく能力のある者を役人に取り立てるしくみとして、 **2** を定めました。

C **3** の乱に敗れて流されていた源頼朝は、34才のとき、｛**ア** 三河　**イ** 伊豆　**ウ** 相模｝の豪族の北条氏や東国の武士たちを味方につけて、平氏をたおそうと兵をあげました。そして、弟の源義経の活躍などにより、平氏を西国に追いつめ、ついに壇ノ浦でほろぼしました。

D ｛**ア** 長篠の戦い　**イ** 本能寺の変　**ウ** 桶狭間の戦い｝の30年ほど前、ポルトガル人の乗った船が種子島に流れ着き、そのときに鉄砲が伝えられました。鉄砲のつくり方は戦国の世にまたたくまに広がり、港町として栄えていた **4** （大阪府）などで大量に生産され、戦いに使用されました。

E 江戸や大坂では、歌舞伎や人形浄瑠璃が人々の楽しみとして広まり、脚本家の近松門左衛門は、町人のいきいきとした姿や義理人情をえがき、人々に親しまれました。また、絵画では、 **5** という多色刷りの版画が大量につくられました。中でも、風景画や女性をえがいた美人画とともに｛**ア** 歌川広重　**イ** 葛飾北斎　**ウ** 東洲斎写楽｝により歌舞伎の人気役者をえがいた役者絵が、人気を集めました。

5 次の文章を読んで、あとの問いに答えなさい。

日本国憲法は、大きく分けて「人権の保障」と「政治のしくみ」から構成されています。日本国憲法には、前文と103の条文があり、例えば、国民としての権利や義務、国会・内閣・裁判所について書かれています。

問１　日本国憲法が公布された年月日を答えなさい。

問２　次の（１）～（９）は、日本国憲法の前文と主な条文の内容（要約）です。[1]～[9]にあてはまる語句を、それぞれ**漢字**で答えなさい。

（１）前　文：日本国民は、正当に[1]された国会における代表者を通じて行動し、われらとわれらの子孫のために、諸国民との協和による成果と、わが国全土にわたって自由のもたらす･･･。

（２）第３条：天皇の[2]に関するすべての行為には、内閣の助言と承認を必要とし、内閣がその責任を負う。

（３）第６条：天皇は、国会の指名に基づいて、内閣総理大臣を任命する。
天皇は、内閣の指名に基づいて、[3]裁判所の長たる裁判官を任命する。

（４）第14条：すべて国民は、法の下に平等であって、人種、信条、[4]別、社会的身分又は門地により、政治的、経済的又は社会的関係において、差別されない。

（５）第25条：すべて国民は、健康で[5]的な最低限度の生活を営む権利を有する。

（６）第26条：すべて国民は、法律の定めるところにより、その能力に応じて、ひとしく[6]を受ける権利を有する。

（７）第41条：国会は、国権の最高機関であって、国の唯一の[7]機関である。

（８）第46条：[8]院議員の任期は、六年とし、三年ごとに議員の半数を改選する。

（９）第96条：この憲法の改正は、各議院の総議員の三分の二以上の賛成で、国会が、発議し、国民に提案してその承認を経なければならない。この承認には、特別の[9]又は国会の定める選挙の際行われる投票において、その過半数の賛成を必要とする。

国語

令和四年度　入学試験問題解答用紙　真和中学校

問

問十

問十一

三

問一 ㋐ ㋑ ㋒

問二 A B C D E

問三 Ⅰ Ⅱ

問四

問五

問六

問七

問八

※150点満点
（配点非公表）

受験番号	総得点

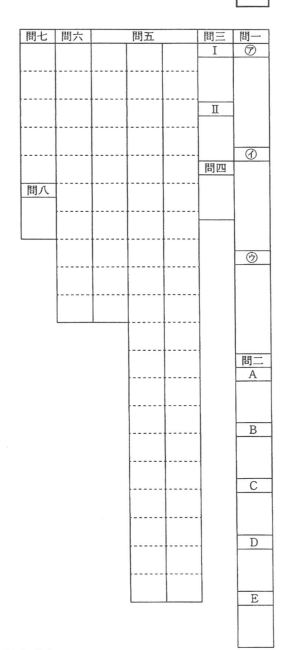

令和４年度　奨学生・専願生入学試験問題解答用紙

受験番号	

算　数

真和中学校

※150点満点
（配点非公表）

得点	

A

ア	イ	ウ	エ	オ	カ
					円

キ	ク	ケ	コ	サ	シ
	分	m	通り	m^2	cm^2

B

1

(1)	(2)	(3)
(求め方)	(求め方)	(求め方)

【解答用

令和４年度　奨学生・専願生入学試験問題解答用紙

理　科

真和中学校

受験番号	

※100点満点
（配点非公表）

1

Ⅰ

問１	問２

問３

問４		問５		
最も量が多いものの名前	どの部分	ジャガイモ	ニンジン	タマネギ

Ⅱ

問６	問７	問８

小　計

2

問１			
酸素		二酸化炭素	

小　計

【解答用

※100点満点
（配点非公表）

令和４年度　奨学生・専願生入学試験問題解答用紙

社　会

真和中学校

受験番号	

総得点	

1

問１		市	問２	A	B	C	D
問３	(1)		(2)				
問４	(1)		(2)		(3)	市	
	(4)北	山脈	中央	山脈	南	山脈	
問５	(1)						
	(2)	問６		問７			

2

問１	(1)ア		イ		ウ		
	(2)	発電	(3)	ガス	(4)		
問２	(1)	(2)	(3)				
問３	(1)		(2)				

【解答用

問1		問2		問3	(1) 院

問3	(2) 3		4		5	
	6	軍	7		問4	
問5	(1) 製鉄所	(2)	(3)			
問6	(1) 市		(2)	問7		
問8						
問9		問10	(1)	(2)		
問11						

4

A	語句	1 朝廷	記号		B	語句	2	記号
C	語句	3 の乱	記号		D	語句	4	記号
E	語句	5	記号					

5

問1	年 月 日	問2	1	2
			3 裁判所	
問2	4 別	5 的	6	7 機関
	8 院	9		

K 教英出版

問3	問4	問5	
		(1)	(2)
	g/L	%	%

3

問1			
ア	イ	ウ	エ

問1			問2
オ	カ	キ	秒後

問3	問4	問5
秒後	m	秒後

小　計

総得点

2

(1)	(2)
(求め方) 曜日	(求め方) 曜日

3

(1)	(2)
(求め方) cm	(求め方) cm^2

(3)

(4)

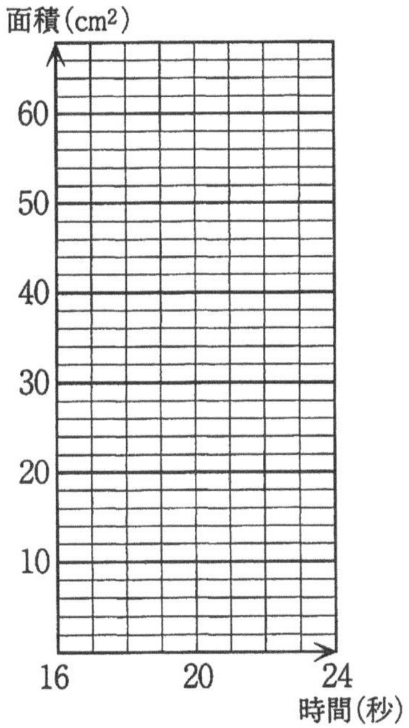

2022(R4) 真和中
K 教英出版

一

問一

問二

問三 (1) (2)

問四 (1) (2) (3)

問五

80 60

二

問一 ㋐ ㋑ ㋒ ㋓ ㋔

問二 A B C D E

問三

問四

問五

問六 はじめ 〜 終わり から。

問七

八 喪失の体験は、

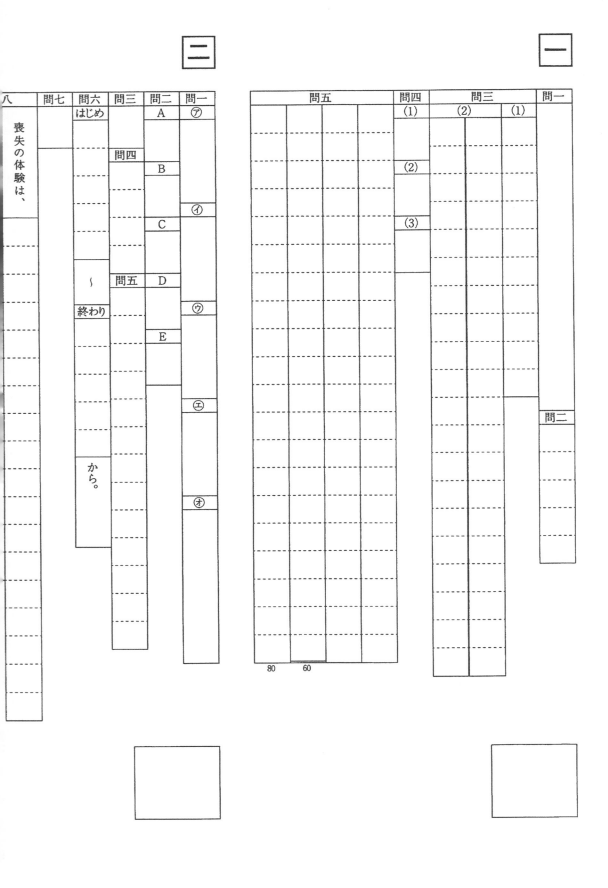

令和４年度

中学　奨学生・専願生

社　会

受験上の注意

1　試験問題は２ページから14ページまであります。
　　試験時間は40分です。

2　解答はすべて別紙の解答用紙に記入しなさい。

3　開始の合図と同時に解答用紙に受験番号を記入しなさい。

真和中学校

1 次の文章を読んで、あとの問いに答えなさい。

いずみさんは、夏休みに①岩手県のおばあちゃんの家に遊びに行きました。1週間滞在するなかで、言葉や食文化など様々なところで自分が住んでいる②熊本県と異なることに気づきました。そこで、日本を東西に分ける境目がどこにあるかを調べ、その結果を次の図にまとめてみました。

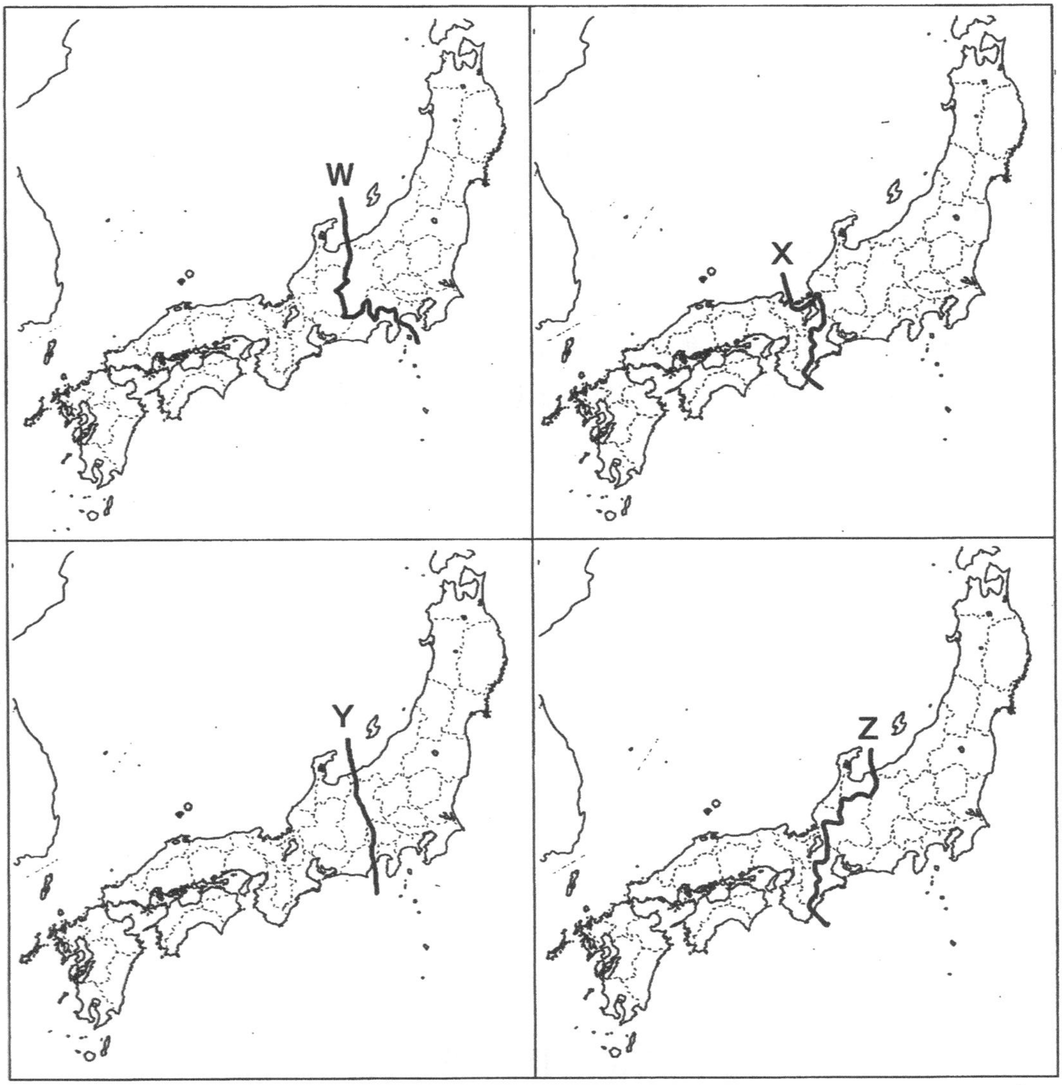

Wは、ある通信会社のインターネット光通信のサービス提供地域の境目を表しています。Xは、季節予報で用いる予報区分を表しています。予報区分は、「北日本」「東日本」「西日本」「沖縄・奄美」の４つに分けられ、北日本は東北地方と北海道地方が含まれます。Yは、北アメリカプレートとユーラシアプレートの境界にあたり、大きな溝があります。Zは、あるカップうどんのスープだしの境目を表し、③1600年に天下分け目の戦いが行われた主戦場を味の境界としています。東日本はかつおだし、西日本はこんぶだしを基本としています。

問１　下線部①について、岩手県の形として正しいものを、次の**ア～エ**から１つ選び、**その記号**で答えなさい。また、県庁所在地を**漢字**で答えなさい。

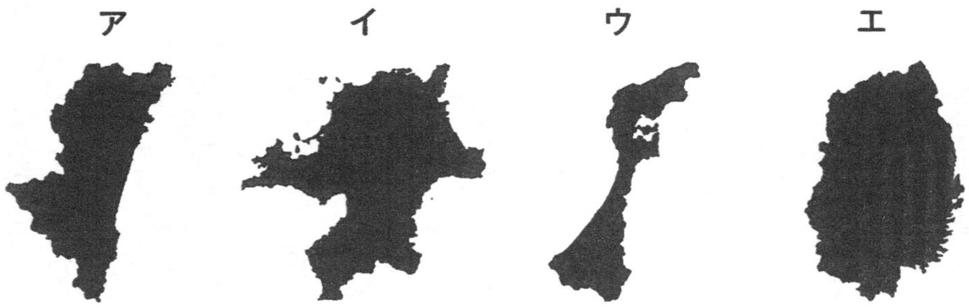

問２　下線部②について、次の表は農産物の生産量割合の上位５位を示したものです。表中の**Ａ～Ｄ**にあてはまる農産物を、次の**ア～カ**からそれぞれ選び、**その記号**で答えなさい。

	１位	２位	３位	４位	５位
Ａ	熊本県	北海道	愛知県	茨城県	栃木県
Ｂ	高知県	熊本県	群馬県	福岡県	茨城県
Ｃ	和歌山県	静岡県	愛媛県	熊本県	長崎県
Ｄ	北海道	鹿児島県	宮崎県	熊本県	岩手県

（農林水産省「作物統計」「畜産統計」平成30年）

ア　ピーマン　　**イ**　肉用牛　　**ウ**　メロン
エ　なす　　**オ**　トマト　　**カ**　みかん

問３　下線部③について、あとの問いに答えなさい。

（１）この地名を**漢字**で答えなさい。

（２）この戦いで東軍を率いた戦国武将を答えなさい。

問４　次の図はＹ沿いに位置する地域の地形図です。Ｙについて、あとの問いに答えなさい。

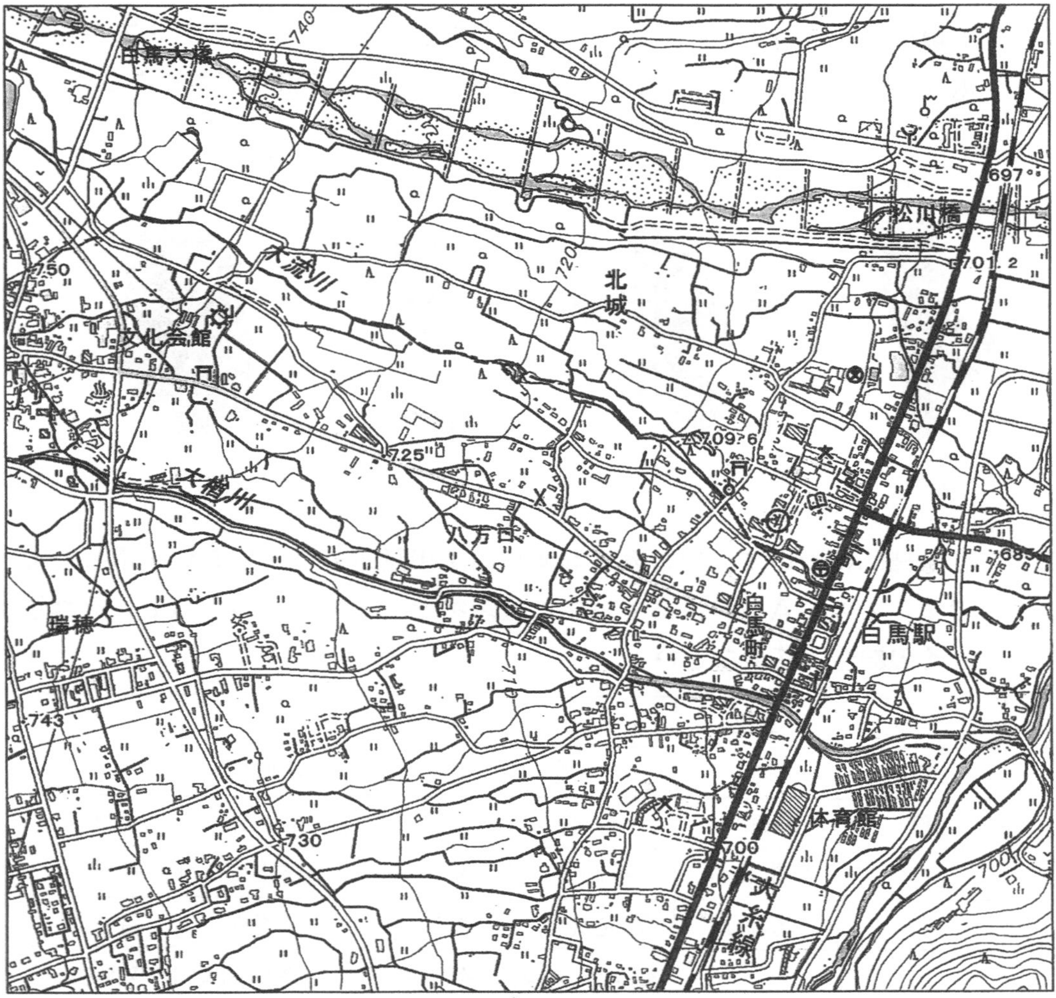

（電子地形図25000（国土地理院）を加工して作成）

（1）右図の地図記号は何を表していますか。

（2）地図中から読み取れることとして適当なものを、次の**ア～カ**から**2つ**選び、**その記号**で答えなさい。

ア　文化会館の北東に、工場がある。
イ　木流川は、東から西に流れている。
ウ　松川橋の北に、消防署がある。
エ　大糸線沿いに、小中学校が２校、高校が１校ある。
オ　全域に、畑が広がっている。
カ　白馬駅の周辺に、市役所や図書館、郵便局がある。

（3）Ｙは、□－静岡構造線といい、新潟県の□市を通ります。そこではヒスイという緑色の鉱石がとれ、右図のような装飾品や交易品として利用されていました。□にあてはまる都市名を**漢字**で答えなさい。

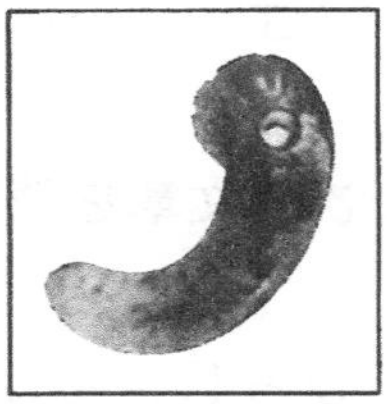

（4）Ｙの西側に隣接する、「日本アルプス」と呼ばれる３つの山脈を北から順に**漢字**で答えなさい。

問５　Ｚについて、あとの問いに答えなさい。

（1）この線の東側に位置する名古屋港は、輸出額が輸入額を大幅に上回っている。その理由を答えなさい。

（2）この線の西側に位置する都道府県と伝統的工芸品の組合せとして正しいものを、次の**ア～エ**から１つ選び、**その記号**で答えなさい。

ア　石川県－輪島塗　　　**イ**　岐阜県－西陣織
ウ　滋賀県－高岡銅器　　**エ**　新潟県－信楽焼

問６　岩手県と熊本県で共通する気候の特徴として正しいものを、次の**ア～エ**から１つ選び、**その記号**で答えなさい。

ア　南東から吹く季節風の影響で、夏は降水量が多い。
イ　南西から吹く季節風の影響で、夏は降水量が多い。
ウ　北東から吹く季節風の影響で、冬は降水量が多い。
エ　北西から吹く季節風の影響で、冬は降水量が多い。

問７　この文章や地図から読み取れることとして適当なものを、次の**ア～エ**から１つ選び、**その記号**で答えなさい。

ア　Ｗでは、東海地方は西日本に含まれる。
イ　Ｘでは、新潟県は北日本に含まれる。
ウ　Ｙは、岐阜県を分断している。
エ　Ｚでは、中部地方と近畿地方が味の境目である。

2　次の文章を読んで、あとの問いに答えなさい。

ひろしさんは、①パンにクリームをはさんだ右図のお菓子を食べてから、このお菓子が生まれた②イタリアに興味を持ちました。そこで、③オンラインツアーを申し込み、自宅でイタリア旅行をすることにしました。

問１　下線部①に関連して、次の表は三大穀物である小麦・とうもろこし・米の国別生産量割合の上位５位を示したものです。あとの問いに答えなさい。

	１位	２位	３位	４位	５位
ア	中国	インド	ロシア	アメリカ	フランス
イ	中国	インド	インドネシア	バングラデシュ	ベトナム
ウ	アメリカ	中国	ブラジル	アルゼンチン	ウクライナ

（ＦＡＯＳＴＡＴ2018年）

ア　世界で最も広く食べられており、最大の輸出国はロシアである。
イ　代表的な輸出国はインドやタイで、日本では主食として食べられている。
ウ　大半が家畜の飼料に使われている。

（1）表中の**ア～ウ**にあてはまる穀物をそれぞれ答えなさい。

（2）表中**ウ**を燃料とする発電方法を何といいますか。

（3）表中**ウ**を飼料として食べる肉用牛は、草を食べて消化するときに大量のげっぷを出します。その中に含まれるメタンガスが地球温暖化の要因になっているため、近年肉食を減らすべきだという意見が出ています。メタンガスや二酸化炭素のような地球温暖化の要因となるガスを何といいますか。

（4）日本で食料自給率が最も高いものを、表中の**ア～ウ**から１つ選び、**その記号**で答えなさい。

問２　下線部②について、あとの問いに答えなさい。

（1）イタリアの国旗として正しいものを、次の**ア～エ**から１つ選び、**その記号**で答えなさい。

ア

緑	白	赤

イ

青	白	赤

ウ

赤
白
青

エ

赤
白
緑

（2）イタリアの首都と同じ緯度の日本の都市を、次の**ア～エ**から１つ選び、**その記号**で答えなさい。

ア　佐世保市　　**イ**　大阪市　　**ウ**　仙台市　　**エ**　函館市

（3）代表的なイタリア料理を表すものを、次の**ア～ウ**から1つ選び、**その記号**で答えなさい。

ア

イ

ウ

問3　下線部③について、あとの問いに答えなさい。

（1）オンラインツアーでは、自宅にいながら世界中を旅することが可能です。これには「仮想現実」と言われる技術が使われています。この技術を何といいますか。**アルファベット2文字**で答えなさい。

（2）新型コロナウイルス感染症の拡大で広がった、時間や場所にとらわれない柔軟な働き方を何といいますか。**カタカナ5文字**で答えなさい。

令和４年度

中学　奨学生・専願生

理　科

受験上の注意

1　試験問題は２ページから13ページまであります。
　試験時間は，40分です。
2　解答はすべて別紙の解答用紙に記入しなさい。
3　開始の合図と同時に，解答用紙に受験番号を記入しなさい。
4　試験が終了したら，机の上に解答用紙を広げたままで待機しなさい。

真和中学校

1　ⅠとⅡの文章を読み，各問いに答えなさい。

Ⅰ　和ちゃんは自分で収穫《しゅうかく》した野菜を使ってカレーを作ろうと思い家族に協力してもらって，庭に畑をつくることにしました。育てる野菜はジャガイモ，ニンジン，タマネギ，ピーマン，ナス，トマト，ゴーヤ（ツルレイシ）です。ジャガイモ，タマネギはもととなる部分から，ニンジン，ピーマン，ナス，トマト，ゴーヤは種子から育てました。また，野菜の成長を観察するために，種子の一部を水で湿《しめ》らせた綿の上で育てました。

問１　今回庭で育てたピーマン，ナス，トマトの一般《ぱん》的な収穫時期はいつごろですか。最も適切な時期を次の**ア**～**エ**から１つ選び，記号で答えなさい。

ア　１～５月　　**イ**　４～８月　　**ウ**　６～10月　　**エ**　８～12月

問２　**図１**はシロイヌナズナの花を**横からみた図**と**上からみた図**です。上から見た図は各つくりを簡単に表わしています。ゴーヤの花のつくりとして最も適している図を次のページの**ア**～**ケ**からすべて選び，記号で答えなさい。ゴーヤの花のつくりはカボチャの花のつくりと同じです。

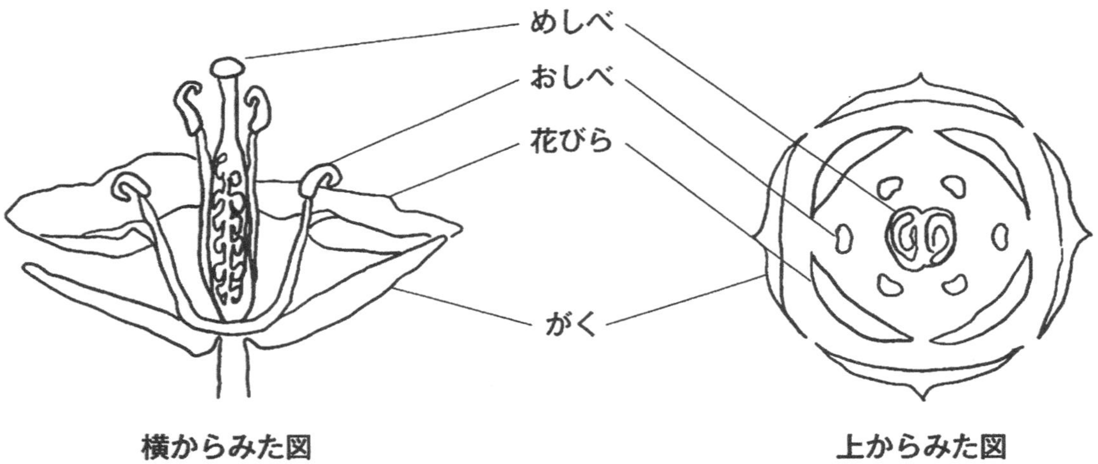

横からみた図　　**上からみた図**

図１

ア

イ

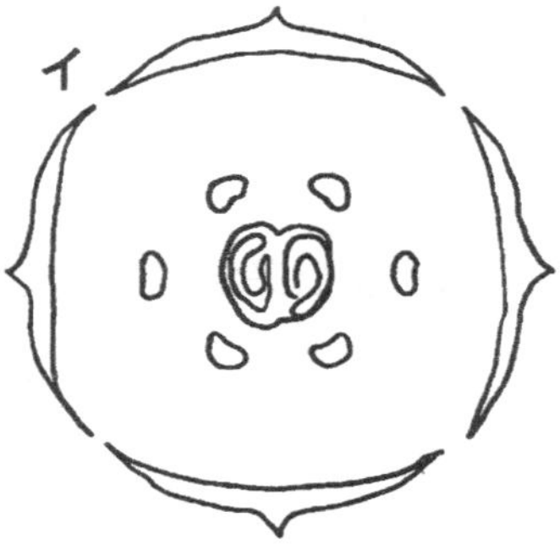

ウ

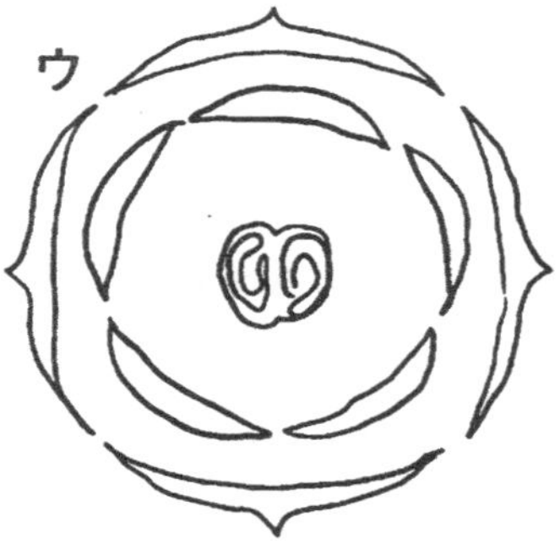

エ

オ

カ

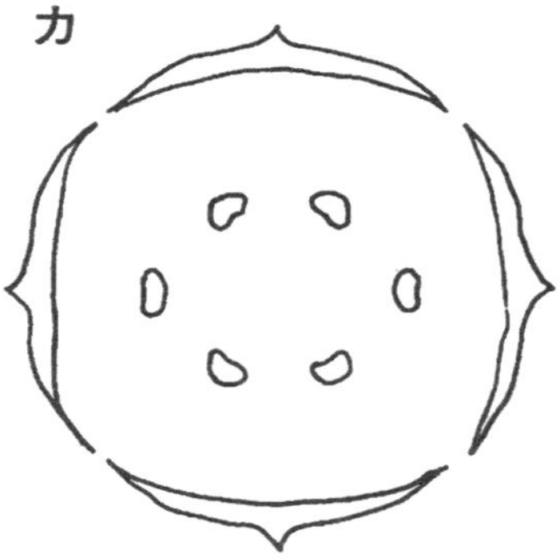

キ

ク

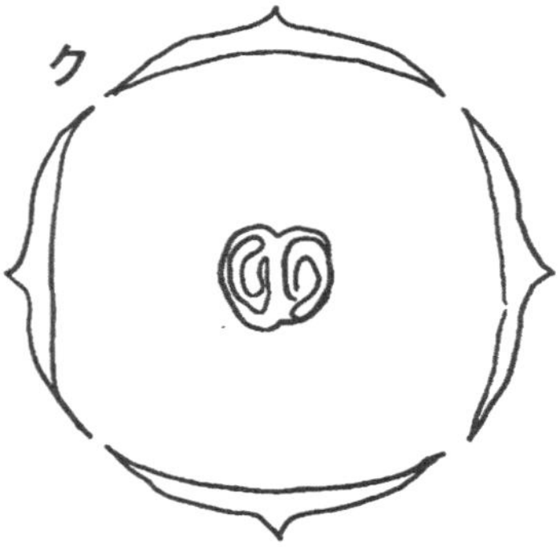

ケ

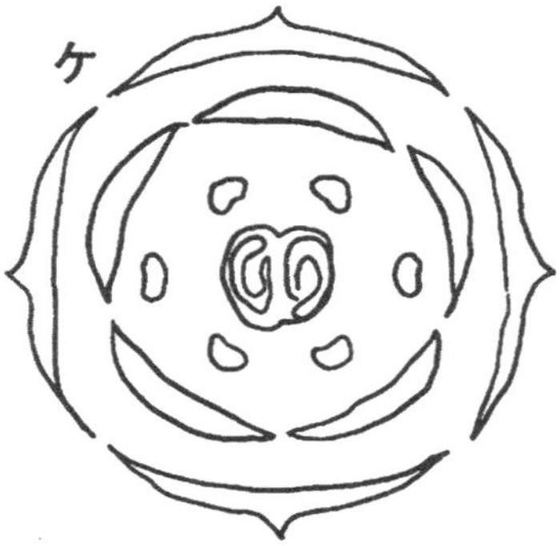

問３　ピーマン，ナス，トマトなどを温室さいばいする農家では，農家の人が育てたミツバチを温室の中に放すことがあります。なぜミツバチを放すのか説明しなさい。

問４　イネの種子には発芽するために必要な養分が入っています。その養分の中で，最も量が多いものの名前を答えなさい。また，その養分は植物のからだのどの部分で作られたものか答えなさい。

問５　ジャガイモ，ニンジン，タマネギの一般的に食べる部分は葉，くき，根のどれかにあてはまります。それぞれあてはまるものを答えなさい。

Ⅱ　和ちゃんは庭の野菜の成長を観察しているとき，じゃがいも以外がよく育つ場所とじゃがいもだけがよく育つ場所があることに気づきました。庭は日当たりもよく，ちっ素の肥料も適切に与《あた》えていました。そこで，和ちゃんはじゃがいもが育つ土に違《ちが》いがあると思い，じゃがいも以外がよく育つ土（以降**Ａ**とする）とじゃがいもだけがよく育つ土（以降**Ｂ**とする）を採取して違いを調べることにしました。**Ａ**から採取した土を**Ａ１**，**Ａ２**，**Ａ３**，**Ｂ**から採取した土を**Ｂ１**，**Ｂ２**，**Ｂ３**とします。採取した土はすべて同じ量です。

調査の方法は以下の**調査１**～**調査４**の通りです。

調査１　採取した土**Ａ１**，**Ｂ１**をそうがん実体けんび鏡で観察し，土の構造を観察します。

調査２　採取した土**Ａ１**，**Ｂ１**を，底があみ目状になっている容器にそれぞれ入れ，水を100 mL ずつかけます。1時間後，容器の下にある受け皿内の水の量を測ります。

調査３　採取した土**Ａ２**，**Ｂ２**の重さを測り，それぞれ容器に入れます。**Ａ２**，**Ｂ２**の重さの２倍の量の純粋《すい》な水を容器内に入れてしっかり混ぜ合わせます。土が水の中ですべて沈《しず》んだ後に，pH メーターという器具を使って酸性やアルカリ性の強さを数字で調べました。

数字は1から14までであり，7だと中性です。数字が7より小さいほど酸性が強くなり，数字が大きいほどアルカリ性が強くなります。塩酸の pH は１～２くらい，レモン水の pH は 2.5 くらい，雨の水の pH は 5.5 くらい，石けん水の pH は 9.5 くらい，水酸化ナトリウム水溶《よう》液の pH は 13 くらいです。塩酸と水酸化ナトリウム水溶液はアルミニウムをとかすことができます。

調査４　採取した土**Ａ３**，**Ｂ３**を目でみる，および次の**調査４－１**～**調査４－４**で生物を取り出し観察しました。

調査４－１　1.5 L のペットボトルの口から 15 cm のところまでを切り取り，ろうとのようにしました。これを２つ用意しました。

調査４－２　ろうとの先端《たん》を下にして，切り取った残りのペットボトルに差し込みました。ろうとの中には小さなざるをいれました。

調査４－３　ろうとの中に**Ａ３**，**Ｂ３**の土をそれぞれ入れました。容器の下には黒い紙を敷《し》きました。

調査４－４　土の上から電球を24時間以上当て続けました。

調査した結果，**A 1**は大きな土の粒《つぶ》と小さな土の粒でできており，小さな粒が集まっているところと空気の層があるところがありました。1時間後の受け皿内の水の量は 38 mL でした。**B 1**は小さな粒のみでできており，空気の層はあまり存在しませんでした。1時間後の受け皿内の水の量は 62 mL でした。**A 2**の pH は 6.5 くらいで，**B 2**の pH は 5.5 くらいでした。**A 3**の土はミミズ，ダンゴムシ，ワラジムシ，虫の幼虫，小さなクモ，ダニ，センチュウ，ヤスデなど10種類以上の生物をみることができました。**B 3**の土は虫の幼虫，小さなクモ，ダニが観察できました。

問6　**調査1**，**調査2**の結果より，**A**と**B**の土を説明した文として適したものを次の**ア**～**カ**からすべて選び，記号で答えなさい。

ア　**A**の土では空気がよく通るため，土の中でも庭の野菜の根が呼吸しやすい。

イ　**B**の土では空気がよく通るため，土の中でも庭の野菜の根が呼吸しやすい。

ウ　**A**の土では水をよく保つため，庭の野菜の根が腐《くさ》れ，庭の野菜が育ちにくい。

エ　**A**の土では水をほどよく保つため，多くの庭の野菜が育ちやすい。

オ　**B**の土では水はけがいいので，庭の野菜の根は腐りにくく，すべての野菜が育ちやすい。

カ　**B**の土では水はけがいいので，ジャガイモは腐りにくく育ちやすい。

問7　**調査3**の結果より，**A**と**B**の土を説明した文として適したものを次の**ア**～**カ**からすべて選び，記号で答えなさい。

ア　**A**の土は酸性の土なので，すべての庭の野菜が育ちやすい。

イ　**B**の土は酸性がやや強い土なので，多くの庭の野菜は育ちにくい。

ウ　**A**の土はアルカリ性なので，すべての庭の野菜が育ちやすい。

エ　**B**の土はアルカリ性なので，ジャガイモが育ちやすい。

オ　**A**の土は中性の土なので，すべての庭の野菜が育ちやすい。

カ　**B**の土は中性の土なので，すべての庭の野菜は育ちにくい。

問8　**調査4**の結果より，**A**と**B**の土の特徴《ちょう》として考えられるものを次の**ア**～**カ**からすべて選び，記号で答えなさい。

ア　**A**の土にはたくさんの生物がいるので，多くの庭の野菜が育ちやすい環境である。

イ　**A**の土にはたくさんの生物がいるので，多くの庭の野菜が育ちにくい環境である。

ウ　**B**の土は**A**の土と比べて生物の数が少ないので，庭の野菜が全く育たない。

エ　**B**の土は**A**の土と比べて生物の数が少ないので，育つことができる庭の野菜の種類が限られる。

オ　**A**の土にはミミズがいたので，土の中に空間ができた。

カ　**B**の土にはミミズがいなかったので，土の中に空間ができなかった。

2 次の文章を読み，以下の問いに答えなさい。

19世紀末のイギリスの物理学者であるレイリーと化学者であるラムゼーは，空気に含まれる気体の研究により1904年にノーベル物理学賞と化学賞をそれぞれ受賞しています。次の文章はその報告の一部です。

> 我々は，様々な実験により人工的に作り出した窒素《ちっそ》（ここでは「化学窒素」とする）と，空気から水と二酸化炭素と酸素を取り除いて作り出した窒素（ここでは「大気窒素」とする）は変わりないと思っていたが，同じ大きさ，同じ重さの丸底フラスコを用いて，同じ温度，同じ気圧で実際に測定してみると，「化学窒素」と「大気窒素」の重さは，以下のとおりであった。
>
> 「化学窒素」：2.300 g　「大気窒素」：2.319 g
>
> 以上より，「化学窒素」の重さが「大気窒素」の重さの（　　）％ 軽いことを報告する。
>
> 「化学窒素」に比べて，「大気窒素」が重い成分を含むと考えられたため，「大気窒素」から様々な実験により窒素をすべて取り除いた。実験後に知らない気体が残ったため，これを「アルゴン」[注]と呼ぶことにする。
>
> （参考文献 Rayleigh and Ramsay. “Argon, a New Constituent of the Atmosphere.”. Proceedings of the Royal Society of London 57 （1）：２６５-２８７ （１８９５））

注　文中の「アルゴン」には，アルゴンという気体以外にほかの気体も少量含まれていることが現在は分かっていますが，本問題では「アルゴン」はアルゴンという気体だけが含まれていることとします。

令和４年度

中学　奨学生・専願生

算　数

受験上の注意

1．試験問題は，A と B があります。
　　試験時間は，A と B で60分です。
2．試験問題は，(2)(4)(6)(8)(9)ページにあります。
　　(3)(5)(7)ページの白紙は，計算に使って下さい。
3．解答はすべて別紙の解答用紙に記入しなさい。なお，A の問題は
　　答だけ，B の問題は求め方と答を記入しなさい。
4．開始の合図と同時に，解答用紙に受験番号を記入しなさい。
5．試験が終了したら，机の上に解答用紙を広げたままで退場しなさい。

真　和　中　学　校

A

次の [ア] 〜 [シ] にあてはまる数を解答用紙の解答らんに答えなさい。
ただし，円周率は3.14とします。

(1) $6\times\{7-(53-13\times4)\}=\boxed{\text{ア}}$

(2) $12-5\times\dfrac{3}{7}+\dfrac{2}{7}=\boxed{\text{イ}}$

(3) $4.3+0.8\times0.5-2.7\div1.2=\boxed{\text{ウ}}$

(4) $\left(\dfrac{3}{2}-\dfrac{2}{3}\right)\times\dfrac{3}{5}+\dfrac{7}{8}\div\dfrac{3}{4}=\boxed{\text{エ}}$

(5) 24，66，84の最小公倍数は [オ] です。

(6) 定価1000円の商品を４割引きで売ったところ，仕入れ値の２割の利益があった。この商品の仕入れ値は [カ] 円です。

(7) ２時から３時の間で，時計の長針と短針がちょうど重なるのは２時 $\dfrac{\boxed{\text{キ}}}{11}$ 分です。

(8) 家から学校まで分速70ｍで歩くと18分かかるとき，分速90ｍで歩くと [ク] 分かかります。また10分で学校に着くには，自転車で分速 [ケ] ｍで走ればよいです。

(9) 赤，白，青，黄の４色のうち３色を使って下の図のような旗《はた》を作ります。このとき，[コ] 通りの旗が作れます。

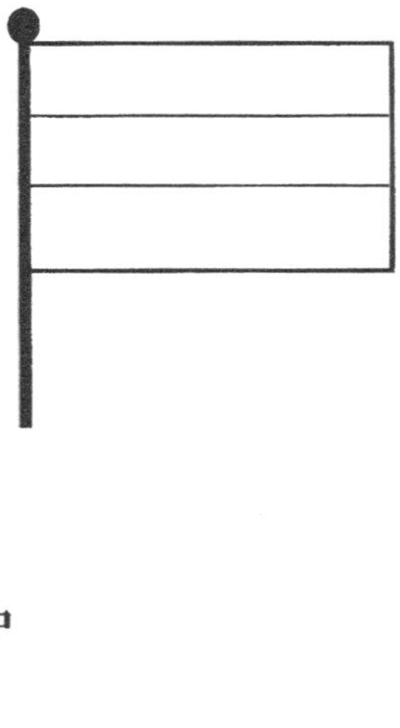

（このページは計算に使ってください。）

(10) ある小学校の校庭の広さは，学校全体の広さの$\frac{2}{5}$あります。
校庭にある砂場は校庭の広さの$\frac{1}{8}$で 40 m^2 です。このとき，
小学校全体の広さは サ m^2 です。

(11) 下の図は半径２cmの円をぴったりと４つくっつけたもので，
円の中心を結んでできる四角形は正方形になります。
図の斜線部分の面積は シ cm^2 です。

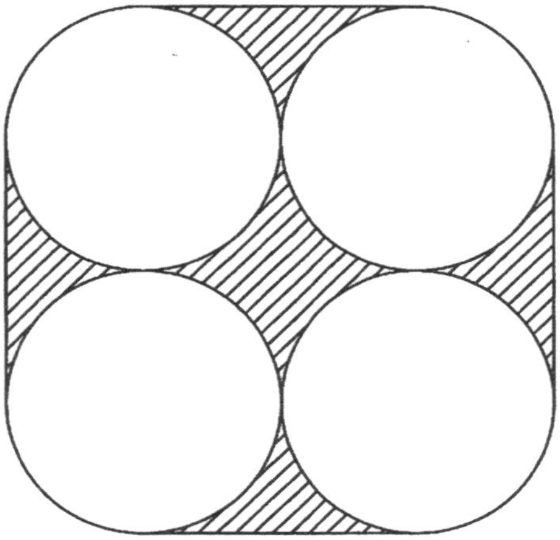

（このページは計算に使ってください。）

B

1 A町とB町の間を往復しているバスがあります。バスはB町から戻ったとき，A町で30分停車した後，再びB町に向かって出発します。A町のバス停からB町のバス停までの距離は28 kmです。

ある日，真君はA町からB町へ自転車で行くことにしました。真君がA町のバス停から出発するとき，A町発B町行きのバスの出発まで40分ありました。真君がA町のバス停を出発し時速15 kmでB町に向かっていると7分後にB町からA町に向かうバスとすれ違いました。

次の問いに答えなさい。

(1) バスは真君とすれ違ってから何分後にA町のバス停に着きますか。

(2) バスの時速を答えなさい。

(3) 真君は出発してから何分後にバスに追い抜かれますか。

2 2022年の1月1日は土曜日です。このとき，次の問いに答えなさい。
ただし，西暦が4の倍数の年はうるう年で，1年は366日です。
解答らんには答えだけではなく，どのように考えたかわかるように記入しなさい。

(1) 2022年の2月1日は何曜日ですか。

(2) 2072年の1月1日は何曜日ですか。

（注５）　東日本大震災―二〇一一年三月十一日に東日本で発生した地震による災害を指す。東北地方を中心に大きな被害をもたらした。この文章は、筆者が歴史と記憶という観点から、東日本大震災について論じた文章の一部である。

（注６）　紡ぎ出す―綿から綿糸を紡ぐように、細やかな作業によってかたちにする。

問一　═線部㋐～㋔のうち、カタカナはそれぞれ正しく漢字で書きなさい。また、漢字は読みをそれぞれ答えなさい。

問二　空らん［Ａ］～［Ｅ］にはどのような言葉が入りますか。空らんに入る適切な言葉を次の**ア**～**オ**からそれぞれ一つ選び、記号で答えなさい。

ア　しかし　**イ**　さて　**ウ**　たとえば　**エ**　つまり　**オ**　なぜなら

問三　波線部ⓐ「組織化する」とあるが、文章中で用いられている「組織化する」の意味として最も適切なものを次の**ア**～**エ**から一つ選び、記号で答えなさい。

ア　はっきりさせる　**イ**　思い出す　**ウ**　表現する　**エ**　まとめあげる

問四　波線部ⓑ「整合性」の意味を説明した次の一文の空らんに入る言葉を文章中から四字で書き抜《ぬ》きなさい。

◎「整合性」とは、物事の［四字］が合っており、整っていること。

問五　―線部①「私たちは自分の体験的過去ですら、すべてを記憶しているわけではありません」とあるが、では、私たちはどのような体験的過去を記憶しているか。文章中の言葉を用いて十字程度で答えなさい。

問六　―線部②「おそらく言葉を持たなければ歴史もない」とあるが、そのように言える理由を解答らんに合うように本文中から四十字以内で探し出し、はじめと終わりのそれぞれ五字を書き抜きなさい。

問七　――線部③「私が言っているのはそうではありません」とあるが、筆者のいう「物語り」とはどのようなものか。説明として最も適切なものを次の**ア**～**エ**から一つ選び、記号で答えなさい。

ア　筆者のいう「物語り」とは通時的整合性がつくように工夫して創作したものであるため、でたらめなフィクションとは異なるということ。

イ　筆者のいう「物語り」とはさまざまな証拠や証言と矛盾《むじゅん》しないものであるため、でたらめなフィクションとは異なるということ。

ウ　筆者のいう「物語り」とは多くの人々が抱《いだ》く想像との整合性を持つものであるため、でたらめなフィクションとは異なるということ。

エ　筆者のいう「物語り」とは、他人に伝えるために作られたものであるため、でたらめなフィクションとは異なるということ。

問八　――線部④「桑山さんは、そうした人々に対して記憶を紡ぎ出し、物語化することが心のケアにとって重要な作業になると述べています」とあるが、桑山さんがそのように考える理由を解答らんの「喪失の体験は、」に続くように三十五文字以内で説明しなさい。

問九　――線部⑤「瓦礫のなかから写真やアルバム、卒業証書を探し出し、泥にまみれたそれらの品々を洗っている被災者やボランティアの人たちの姿をテレビで見たことがあるでしょう」とあるが、大震災で被災した人たちはどうして「写真やアルバム、卒業証書」を必要としたのか。理由の説明として最も適切なものを次のア～エから一つ選び、記号で答えなさい。

ア　失われた家族の歴史や過去は、「写真やアルバム、卒業証書」といった思い出の品々によって思い出されるものであり、きずついた心を癒《いや》すためには必要だから。

イ　過去はさまざまな証拠に基づく「物語り」の中にあるため、「写真やアルバム、卒業証書」といった証拠を探し出し、自分や家族の歴史や過去を取り戻すことが、未来に進むために必要だから。

ウ　被災体験を自分の過去として納得《なっとく》するには「物語り行為」が必要であるが、そのためには「写真やアルバム、卒業証書」といった大震災を経《へ》ても失われなかった品々が必要だから。

エ　失われてしまった家族の歴史や過去に落ち着いた姿勢で向き合うためには、「写真やアルバム、卒業証書」といった、楽しかった過去を証明するものによってなつかしく思い出す必要があるから。

問十　――線部⑥「これは何も震災に限った話ではありません」とあるが、このように言える理由を説明した次の一文の空らんに入る言葉を六十字以内で答えなさい。

◎震災で被災した人にとっても、そうでない人にとっても、［六十字以内］

問十一　空らん【　Ⅰ　】に入る言葉を文章中から十字以内で書き抜きなさい。

三　次の文章を読んで、後の問いに答えなさい。

字数指定のある問題は、句読点とかぎかっこは一字に数えます。

小学六年生の小川さち子は、ゴミ出し場で見つけたオルガンを竹細工《たけざいく》の職人をしている父親にたのんで自宅《じたく》に運んでもらった。母親の手ほどきを受けて童ようがひけるようになったさち子は、その曲を聞いてもらうために転校生の幡野典子《はたののりこ》を以前家に招いてた。

お詫び

著作権上の都合により、文章は掲載しておりません。
ご不便をおかけし、誠に申し訳ございません。

教英出版

お詫び

著作権上の都合により、文章は掲載しておりません。
ご不便をおかけし、誠に申し訳ございません。

教英出版

お詫び

著作権上の都合により、文章は掲載しておりません。
ご不便をおかけし、誠に申し訳ございません。

教英出版

お詫び

著作権上の都合により、文章は掲載しておりません。

ご不便をおかけし、誠に申し訳ございません。

教英出版

（「『心』の子ども文学館　第三巻大人になること・子どもでいること」より、皿海達哉《さらがいたつや》「コギツネコンコン」）

その後のあらすじ

散歩から帰ってきた典子はさち子を自室に招き入れ、ピアノを弾《ひ》いて聴《き》かせた。さち子はその演奏のすばらしさに心を打たれ、これまでの沈《しず》んだ気持ちが少しずついやされていくのを感じた。自らも「コギツネコンコン」を演奏すると、初めて弾くピアノの音色《ねいろ》にはげまされる思いがした。

問一　═線部㋐～㋒のカタカナを、それぞれ漢字で書きなさい。

問二　空らん[A]～[E]に入る語を次のア～カからそれぞれ一つ選び、記号で答えなさい。

ア　ヤキモキ　**イ**　ソワソワ　**ウ**　オロオロ　**エ**　シーン　**オ**　シャン　**カ**　ギク

問三　空らん【Ⅰ】・【Ⅱ】に入る体の一部を表わす語を、それぞれ漢字一字で答えなさい。

問四　―線部①「幡野さんが、自分のことをどうして見舞いにこないのかと、おこっていたというふうな報告も心待ちにしていた」とあるが、その理由の説明として最も適切なものを次の**ア**～**エ**から一つ選び、記号で答えなさい。

ア　幡野さんのきげんが悪いのは、自分のせいではないとわかっていたから。

イ　幡野さんの病気が重いことを、だれよりも深く心配していたから。

ウ　幡野さんも自分に会いたがっていることを、確認《かくにん》したかったから。

エ　幡野さん目的が、クラスメートの友情の比較《ひかく》にあると思ったから。

問五　―線部②「うつむいてくちびるをかんだ」とあるが、そのときのさち子の気持ちを、五十字以内で説明しなさい。

問六　―線部③「幡野さんが学校へ出てくるまえになんとか一度」とあるが、その後に省略されていることばを、十字以内で答えなさい。

問七　―線部④「へんなこと」とあるが、どのようなことを指しているか。本文中から「へんなことに」にあたる一文を探し出し、始めの五字を書き抜《ぬ》きなさい。

問八　―線部⑤「小さくなって」とあるが、そのときのさち子の気持ちを表したものとして最も適切なものを次の**ア**～**エ**から一つ選び、記号で答えなさい。

ア　不満《ふまん》　**イ**　恐縮《きょうしゅく》　**ウ**　不安《ふあん》　**エ**　遠慮《えんりょ》